U0677427

思想政治教育研究文库

——

中华优秀传统文化融入新时代教育面面观

韩治国　著

光明日报出版社

图书在版编目（CIP）数据

中华优秀传统文化融入新时代教育面面观 ／ 韩治国
著 . --北京：光明日报出版社，2021. 6

ISBN 978 - 7 - 5194 - 6059 - 4

Ⅰ. ①中… Ⅱ. ①韩… Ⅲ. ①中华文化—教学研究—
高等学校 Ⅳ. ①K203

中国版本图书馆 CIP 数据核字（2021）第 083254 号

中华优秀传统文化融入新时代教育面面观
ZHONGHUA YOUXIU CHUANTONG WENHUA RONGRU XINSHIDAI
JIAOYU MIANMIANGUAN

著 者：韩治国			
责任编辑：史 宁		责任校对：陈永娟	
封面设计：中联华文		责任印制：曹 净	

出版发行：光明日报出版社

地　　址：北京市西城区永安路 106 号，100050

电　　话：010 - 63169890（咨询），010 - 63131930（邮购）

传　　真：010 - 63131930

网　　址：http：//book. gmw. cn

E - mail：shining@ gmw. cn

法律顾问：北京德恒律师事务所龚柳方律师

印　　刷：三河市华东印刷有限公司

装　　订：三河市华东印刷有限公司

本书如有破损、缺页、装订错误，请与本社联系调换，电话：010 - 63131930

开　　本：170mm×240mm

字　　数：206 千字　　　　印　　张：15.5

版　　次：2021 年 6 月第 1 版　　印　　次：2021 年 6 月第 1 次印刷

书　　号：ISBN 978 - 7 - 5194 - 6059 - 4

定　　价：95.00 元

版权所有　　翻印必究

广东省肇庆高新区"两新"组织党员干部培训学院研究成果

广东省肇庆高新区"两新"组织党员干部培训学院

广东省肇庆高新区"两新"组织党员干部培训学院是由肇庆高新区"两新"组织党工委、广东工商职业技术大学党委组建成立的党员干部及入党积极分子培训学习基地，地点设在广东工商职业技术大学大旺校区。

培训学院建筑面积1500平方米，设有初心堂会议室、阅览室、接待室、图书资料室、多媒体专用教室等基础设施，拥有一批忠诚担当、具有丰富党务工作经验、较高理论水平和教学实践能力的师资队伍与管理团队。

根据习近平总书记对新时代党的建设的总要求，结合肇庆高新区"两新"组织党员干部和入党积极分子的具体情况，培训学院主要面向区内"两新"组织党员干部和入党积极分子，通过系统的理论学习、针对性的实践考察，让学员学习新知识、新手段、新方法，以提升党员干部工作能力、开阔视野、更新观念、增强素质，为肇庆高新区"两新"党组织的规范化管理和发展培养人才。随着培训学院的发展，未来将立足高新区，拓展粤西地区，辐射整个珠江西岸，为更广大的党员干部提供更加优质的培训服务。

培训学院的成立是广东工商职业技术大学党委全面贯彻党的十九大精神，奋力践行习近平新时代中国特色社会主义思想，开创教育改革发展新局面的具体体现，是广东工商职业技术大学大旺校区主动服务高新区、主动融入地方的具体实践，也是广东工商职业技术大学深化人才培养改革、探索校地合作新模式的具体尝试。培训学院在为"两新"组织各企业党员干部提供培训的同时，也将为学校和企业架起一座沟通之桥、合作之桥，助力校企深度融合。

前　言

陶行知说过："教育是立国之本。"

习近平总书记强调："教育兴则国家兴，教育强则国家强。"

中国，历来以华夏文明为源泉、中华文化为基础，因此，后代子孙称为龙的传人。中国，是世界四大文明古国之一，有着悠久的历史，中华民族是唯一一个文化未发生断层的伟大民族。中国疆域辽阔、民族众多，中国文化源远流长、博大精深、绚烂多彩，在世界文化体系内占有重要地位。中国古代教育，正是这种沉淀弥久的文化对人格心灵的唤醒。

中国古代教育，长期走在世界的前列，像孔子那样具有深远影响的教育家，在世界上是独一无二的。汉代的太学，是世界上最早出现的高等学府。从隋唐开始的科举制度，曾经被外国教育家认为是当时选拔人才最好的选官制度。

中华人民共和国成立 70 周年，中国教育确实取得了令世界瞩目的成就，但是教育的功利化、商业化无处不在；急功近利、急于求成的思想根深蒂固。

教育质量是教育强国的核心、生命线，最能彰显教育强国内涵的就是质量。

因此，无论是社会、学校、家庭教育，都要从古代优秀传统文化中追根溯源、传承创新。2017 年 1 月，中共中央办公厅、国务院办公厅印发的

《关于实施中华优秀传统文化传承发展工程的意见》（以下简称《意见》），全面贯彻习近平总书记关于中华优秀传统文化传承发展重要讲话精神，是中华人民共和国成立以来，党和政府出台的第一个以传承和发展中华优秀传统文化为主题的文件，也是第一个理论与实践并重、用重大工程的方式推进的行动纲领。《意见》明确提出了要"贯穿国民教育始终"的要求，并且对中华优秀传统文化进校园、进课程、进教材、进课堂，以及党员干部、教师培训等问题提出了具体要求。

本书作为广东省肇庆高新区"两新"组织党员干部培训学院研究成果，意图在贯彻落实《意见》方面做进一步阐述，唤醒全社会每一位有良知的中国人"匹夫有责"的文化自觉，肩挑舍我其谁的教育担当。

韩治国

2019 年 11 月于古城端州

目 录
CONTENTS

绪　论

"教育"一词来源于孟子的"得天下英才而教育之"。

《礼记·学记》中曰："玉不琢，不成器；人不学，不知道。是故，古之王者，建国君民，教学为先。"玉石不经过琢磨，就不能用来做器物。人不通过学习，就不懂得道理。因此，古代的君王建立国家，治理民众，都把教育当作首要的事情。胡瑗在《松滋儒学记》中讲道："致天下之治者在人才，成天下之才者在教化，职教化者在师儒；弘教化而致之民者在郡邑之任；而教化之所本者在学校。"意思是说，使天下得到治理的在于人才，成就天下人才的在于教化，担任教化任务的在于教师，弘扬教化的任务使百姓受到教育的是各郡邑的官吏，施行教化的基础是各地的学校。

对于个人而言，孔子在《论语·阳货》中说得更清楚："性相近也，习相远也。"人在刚出生时，本性都是善良的，性情也很相近。但随着各自生存环境的不同变化和影响，每个人的习性就会产生差异。张履祥在《初学备忘录（上）》中讲得更清楚："少年立志要远大，持身要紧严。立志不高，则溺于流俗；持身不严，则入于匪辟。"少年要有远大的志向，要严于律己，志向不高就会迷失在俗世，不严于律己，就会落入流言蜚语中。至于赵恒《励学篇》中的"书中自有千钟粟，书中自有黄金屋，书中自有颜如玉"等诗句更是耳熟能详，其义显明。

也许因为教育太重要了，因此一直招惹"高睨大谈"，或遭非议。我们知道，我国的高等教育在相当长时间内是沿袭苏联模式，但是改革开放以后逐渐淡化苏联色彩，改向欧美国家学习。

很多人提出疑问，中国教育是不是无根无缘，没有传承。事实上，中国古代非常重视教育，中国文化源远流长，得益于教育的发达。中国古代教育是全世界最早的教育，也是最为辉煌的教育。本专著第一章，先来回顾中国教育发展史。

第一章

中国教育发展史

按照不同的历史时期，中国教育可分为原始社会的教育、奴隶社会的教育、封建社会的教育、近代社会的教育和现代社会的教育这五个阶段。

第一节　原始社会的教育

原始社会的教育伴随着人类的出现而出现。

中华文明应该从黄帝时期开始，黄帝之前的伏羲、燧人、神农时期以及之前人类进化过程中的石器时代，是文明的孕育过程，可以作为史前时期。帝尧"其仁如天"，帝舜"能和以孝"，夏禹治水"居外十三年，过家门不敢入"都是教育的源头。

原始社会，人类教育的主要形式是劳动，如打猎、捕鱼等活动，逐渐成为我们实际生活中所必需的保障，劳动即是教育，随着生活环境和经济条件的变化，教育的形式也随之变化，随后人们逐渐开始发展畜牧业，人们学会了架设栅栏、赶羊喂牛，这些都只是他们生活所必需的教育。原始人要生存、要群居，他们之间需要合作，需要传递各种信息与生活的技能，这些就是生存教育。除了这些，他们还有原始宗教的教育和原始艺术教育。首先，他们对自然很崇拜，对图腾很崇拜以及对鬼魂也很崇拜，这些崇拜都是原始人的一种精神寄托。其次，他们对音乐和舞蹈有着天赋，狩猎成功，他们欢呼、跳跃。原始文化逐渐演变，后来就逐渐形成了文字，文字的形成标志着教育的升级，为以后产生学校建立了基础。

原始教育呈现多方面的特点：

（1）整个教育融合在生产劳动和社会生活之中，尚未成为独立的社会现象。年轻一代在跟随成人劳动和生活实践中接受长者的教育，教育内容为生活经验的积累。

（2）没有文字、书籍和专门的教师。人们依靠把生产、生活经验物化在工具上和记忆在头脑中的办法，通过言传身教传授给下一代。

（3）教育面对全体儿童，只有学习内容上存在男、女儿童之间的微小差别。如男孩随男人学狩猎，女孩随妇女学采集。

（4）整个原始社会时期的教育是原始的、简单的，而且长期发展缓慢。这种自然进行的教育称为自然形态的教育，即自在的教育。从原始人群经母系氏族到父系氏族时期，教育内容从茹毛饮血、打制石器、采集狩猎，到学会用火、构屋、制陶，经过 160 余万年的历程。

第二节　奴隶社会的教育

奴隶制时期大约始于公元前 21 世纪到公元前 476 年，其具体历程大体可分为四个阶段：第一，奴隶制初期的夏代，前后约 400 年。第二，奴隶制发展的商代，前后约 600 年。第三，奴隶制鼎盛的西周，前后约 300 年。第四，奴隶制崩溃的春秋时代，前后约 300 年。奴隶制社会的教育在本质上是为奴隶制的政治、军事、经济和文化服务的，因而，它的发展变化也随着奴隶制的四个阶段而呈现出不同的内容。

一、奴隶制初期的夏代

夏部落的首领禹为废除禅让制创造了条件，他的儿子启则建立了世袭的、中国历史上的第一个奴隶制国家——夏朝。据史载，夏代已有"序"的存在。《礼记》说："序，夏后世之序也。"（《明堂位》）《王制》说："夏后世养国老于东序，养庶老于西序。"《古今图书集成·学校部》则明确地说："夏后世设东序为大学，西序为小学。""序"起初是用于教射的场所，《孟子》说："序者，射也。"（《滕文公上》）后来，"序"成为奴隶主贵族从事政治、祭祀、养老和教育的地方。可见，它虽有学校教育的功能，但并不是专门的教育机关。夏代还有地方学校——"校"和"学"。"设为庠序学校以教之。庠者，养也；校者，教也；序者，射也。夏曰校，殷曰序，周曰庠，学则三代共之，皆所以明人伦也。人伦明于上，小民亲于下。有王者起，必来取法，是为王者师也。"（《孟子·滕文公上》）《说文解字》说："校，木囚也。""学，觉悟也。"前者原义为养马驯马之地，后者原义是启蒙开导。清代黄绍箕述之："古者之教，家有塾，党有庠，乡有序，国有学。"

以上提到的"序""庠""校"，就是最早出现的学校教育形态。这时期出现了文字。教学内容上着重于军事训练和人伦道德，已经体现了一定的教育思想。

二、奴隶制发展的商代

礼乐教育、宗教祭奠礼仪、射御、习武成为商代教育的主要内容。

商是公元前16世纪开始统治黄河中下游的奴隶制国家。由于政治、经济、宗教和教育等社会生活的直接需要，文字有了新的发展并达到基本成熟的阶段。从安阳出土的16万多片甲骨看，卜辞记录有160多万字，据

1965年出版的《甲骨文编》统计，所用单字数量已达4672个。文字是教育的重要载体和渠道，能促使教育发生质的变化。商代文字的成熟化，为记录人类思想、积累知识和突破时空的限制，为传授知识，提供了基本的条件，从而使正规的、专业化的学校教育成为可能。商代已有中央和地方两级学制。如中央有"大学""小学"和"瞽宗"："殷人设右学为大学，左学为小学，而作乐于瞽宗。"（《礼记·明堂位》）"大学"已为甲骨卜辞所证实，不仅仅是史料所载。地方有"序"和"学"："殷曰序。"

大学、小学、瞽宗是奴隶主贵族子弟学习礼乐的学校，瞽宗则是商代大学特有的名字。

三、奠定教育基础的西周

"学在官府"是西周教育制度的主要特征。主要体现在学术和教育为官方所把持，国家有文字记录的法制规章、典籍文献以及祭祀典礼用的礼器，这些全都掌握在官府手中，普通百姓根本无缘接触到。在"学在官府"体制下，形成了从中央到地方的较为完善的学校教育体制以及以礼、乐、射、御、书、数等六艺为主体的教育内容。

西周学校已有较完备的制度，从设置上看，可分为两类：一类是国学，一类是乡学。

西周学校以"六艺"为基本教育内容。所谓"六艺"，即礼、乐、射、御、书、数。"六艺"之中，又有"大艺""小艺"之分，礼、乐、射、御作为大艺，是大学的课程，书、数作为小艺，主要是小学的课程。西周的"礼"教，主要是国家政治生活中的行为规范、操作技能及个人素养的训练，是贵族子弟必须具备的。"乐"包括声乐、器乐和舞蹈。西周有乐德之教、乐语之教和乐舞之教。"乐所以修内也，礼所以修外也。""射"指射箭，"御"指驾车。"书"指写字，"数"指算术。

与夏商相比，西周已经产生了相对成熟的教育学说。这就是以周公为代表的以"师保之教"和"敬德保民"为核心的教育观点。周公的"师保之教"包括勤于德政和慎于修身，"敬德保民"包括敬敷五教和重民保民，分别与教育政治化和教育伦理化紧密相连。周公在教育上的贡献，还在于制礼作乐和确立六艺之教，为中国古代数千年教育学说的发展奠定了基础。周公的教育学说，发儒家教育理论之滥觞，开教育政治化、伦理化之先河，成为中国古代教育思想的重要发端。他的这些教育学说，与西周的政治、经济和文化密切联系，是当时各种社会需要在教育上的集中反映。

周人用血缘宗族关系把奴隶主贵族联系起来，划分出等差有序的严格的亲疏等级，并采取世袭制。西周在政治、宗教、经济、文化、军事等方面均设有专门机构与人员来从事管理，在长期的社会实践过程中积累、形成的文字和书籍也只能为其所垄断，造成惟官有书、惟官有器和惟官有学。西周的教育制度已远较夏、商两代发达和成熟。中央官学分为小学和大学两级，地方官学也有家塾、党庠、州序和乡校。这些学校在入学年龄、教育对象、教师任职、教育内容、教学活动以及考核与奖惩等方面，都有较严格的管理，表现出一定的目的性、计划性和科学性。然而，由于"学在官府"，官师合一，教师并未成为专门的职业，说明其教育发展的程度还比较低，尚未达到教育专业化的水平。

四、奴隶制崩溃的春秋

春秋时代是中国奴隶制走向崩溃并向封建制转变的重大历史变革时期。当时，铁器和牛耕逐步得到普遍运用，大规模开垦私田成为可能，私田的增多使私门富于公室，导致政治权力下移，甚至造成"政逮大夫"和"陪臣执国命"的局面。经济与政治的重大变革必然在文化教育上引起相应的反响，"学在官府"既然不能适应时代的要求，学术下移和教育下移都已不可避免。在此状况下，就有了"可以无学，无学不害"（《左传·昭公十八年》）的教育无用论和"天子失官，学在四夷"（《左传·昭公十七年》）的官学衰落局面。史论"周室东迁，庠序废坠。春秋二百四十年，诸侯学校之制见于经传者，亦只鲁僖公之立泮宫，郑子产之不毁乡校二事"。官学不修，使社会对教育的需要无从得到满足，教育就要求摆脱原有束缚去寻求新的发展，私学的产生成为必要。"天子失官"意味着"学"走出官府而下移民间，使私学的产生成为可能。

私学的产生必须依赖诸多社会条件。其中，经济的私有化、知识的民间化和教师的职业化是不可缺乏的关键因素。此外，各诸侯国在政治上的激烈竞争，使社会对人才的需求急剧增加，为私学教育的迅速发展提供了广阔的市场。"子能食食，教以右手。能言，男唯女俞。男鞶革，女鞶丝。六年，教之数与方名。七年，男女不同席，不共食。八年，出入门户及即席饮食，必后长者，始教之让。九年，教之数日。十年，出就外傅，居宿于外。学书计"（《礼记·内则》），表明已经具有了比较系统的家庭教育计划。

当时，"士竞于教"。老子是"周守藏室之史"（《史记·老子韩非列传》），后来奉周之典籍以奔楚，并逗留于鲁、秦、沛等国。老子不但是突破"学在官府"、促使文化下移的代表人物之一，而且是最早的私学教师之一。据《庄子》记载，老子的弟子有柏矩、庚桑楚、阳子居（一说杨朱）等，问学于老子者也不在少数，如崔瞿、士成绮、孔子等，关于孔子问学于老子，史籍多有记载，并不仅限于《庄子》。另据《汉书·艺文志》记载，《文子》《关尹子》等书的著者都是老子的弟子。孔子是当时公认的大私学教育家。他在30岁左右开始从事教育活动，除50岁前后短暂从政，几乎没有离开过教育岗位，把毕生的精力都献给了教育事业。

奴隶社会教育特点主要体现在：

（1）产生了学校，使教育从生产和生活活动中分化出来，脱离了原始的自然状态，具备了独立的社会职能。

（2）文字的发展，典籍的出现，丰富了教育内容，提高了教育职能。

（3）学校教育有明显的阶级性。礼不下庶人，学术和教育为王宫及各级政府把持，礼器也全由官府掌握，民间没有条件举行学术活动，更没有学校。官师不分，学校设在官府之中，官吏既是教育官员，也是学校教师。政教合一，教育机构与行政机构不分，教育与行政合一。

（4）学校的发展，教育经验的积累，促进了教育思想的发展。

第三节　封建社会的教育

春秋战国时期，学术逐渐扩散到民间，学校教育从官府移向民间，形成了一个掌握文化知识和技能的特殊群体——士阶层。孔子是创办私学最为杰出的代表，他实行有教无类，创立了儒家学说，奠定了教育理论体系，对中国古代教育具有决定性的影响。战国时期，百家争鸣，儒、墨、道、法等诸子百家站在不同的阶级或阶层的立场上，各抒己见，相互辩驳，相互争鸣，而又相互吸收、补充，促进了教育思想的发展和教育经验的丰富，使得这一时期的教育思想呈现出前所未有的广度和深度，构成了中国教育思想史上最为丰富多彩的一页。教育价值呈现多维度发展，奠定了中国古代教育思想的基础。墨家的创始人是墨翟，他主张站在白姓的角度，为百姓的利益奔波劳累，他提出"素丝说"，主张用教育来建立兼爱的美好社会，教育目的是培养兼士，他的教育富有新意和创造性，这就使得墨家私学带有一定的宗教色彩。它不仅传授生产和科学知识，而且还是一个教学团体。直到春秋末期产生了道家的教育思想，其代表人物是庄周，道家对教育的贡献是发明了黄老之术，这更适合现实社会的需求，从而与儒、墨两家学派抗衡。再后来出现了法家学派，法家的代表人物诸多，如商鞅、李悝，虽然法家的教育思想颇有偏激，但是在一定程度上也促进了社会的发展，它使得社会变得更加完善。

两汉时期，汉武帝以疏导、劝诱为主，一方面积极地进行儒家思想的教育和教化；另一方面，将"学而优则仕"制度化，为通过各种途径学有所成的士人提供做官的机会，用官禄引诱读书人潜心研习儒家经典。"独尊儒术"文教政策的确立，不仅促进了汉代教育的大发展，对整个中国封建社会的教育更是产生了重大而深远的影响。董仲舒的教育思想是从人的本性出发论述教育对人的重要性，他提出"性三品"说，他把人性分为"圣人之性、中民之性、斗筲之性"三种，他的教育目的是培养懂得三纲、五常的被统治者和"尊王明伦"的治术人才，其教育内容是儒家的经典和伦理道德思想。汉代学者杨雄在《法言·学行》篇里把"模"与"范"二字连为一词，主张教师应当是世人的模范，提出"师者，人之模范也"的光辉命题，成为汉代太学"严于择师"传统形成的理论依据，对后代教育事业的发展，尤其是教师理论的发展产生了深远影响。汉代太学还形成了尊师的传统，太学博士享有较高的政治、经济待遇，博士地位很高，属于"高官厚禄"之爵。太学还建有"博士舍"供博士居住，朝廷还为他们特别制作衣冠。朝廷又经常赏给博士酒肉"劳赐"，表示尊师重道。加之汉代太学博士负有参政、议政、奉使、巡行等职责，使得汉代太学博士因政治地位高、生活待遇优厚而成为受人仰慕的职位。

魏晋南北朝时期，我国历史上正处于分裂和长期战乱之中。出于社会动荡等原因，官学时兴时废，教育总的来说是不景气的。"九品中正"选士制度在这一背景下产生。"九品中正"选士制度，简而言之，是一种由"中正"官评定士人品级，朝廷按品授官的选士制度。但是自魏末晋初，演变成以家世为品评士人唯一标准的贵族化制度，这样就堵塞了寒门士子的仕进之路，他们的学习积极性受到了严重的挫伤，而那些门阀世族子弟也不屑学习。这就严重地影响了当时的学校教育。到了南北朝时期，九品中正制受到猛烈抨击，察举制度又受到人们的关注，特别是其考试选士的方法日益受到士人的欢迎。统治者为了控制选士的权力，科举制度开始萌芽。

隋朝统一中国以后，为了加强中央集权、巩固统一，在政治、经济、文化等方面进行了一系列的改革，而首先着手的就是官制和与官制密切相关的选士制度的改革。于是隋文帝正式废除"九品中正制"，依察举之制选拔人才。至公元606年隋炀帝始置进士科，标志着科举制的创立。

隋文帝开皇十八年（598）七月，皇帝诏令"以志行修谨，清平干济二科举人"，这标志着隋王朝设科选举的开始。隋文帝在这里提出了"志行修谨，清平干济"二科，虽然是临时性选拔人才的考试方式，但他又亲自任命吏部尚书主持其事，在选拔人才时注重被选者"德行"的同时，对被选者的"文才"做进一步的强调，这无疑是对魏晋南北朝以来九品中正制重门第而轻才能的否定，对科举制的设立立下了不朽的功勋。同时避免了地方官员任意选拔官员的弊病，将官员的任命权全部收归中央。隋文帝末年，又下令各州县举荐人才，《册府元龟》卷645《贡举部》云："仁寿三年（603）七月，诏令州县搜扬贤哲，皆取明知古今，通识治乱，究政教之本，达礼乐之源者，不限多少，不得不举。"由此可知，隋文帝末年对通过州县官员的举荐来选拔人才是非常重视的。在这个诏令中，他提出了人才选拔的条件是"明知古今，通识治乱，究政教之本，达礼乐之源"。这也是重才能而要求被选者具有一定的品德。

隋炀帝继位后，于隋炀帝大业二年（606）始置进士科，这被认为是科举制度创立的开始。

隋炀帝大业三年（607）下诏曰："天下之重，非独治所安，帝王之功，岂一士之略。……或节仪可称，或操屡清洁，所以激贪厉俗，有益风化，强毅正直，执宽不挠，学业优敏，文采秀美，并为廊庙之用，实乃瑚琏之资。才勘将略，则拔之以衔侮，膂力骁壮，则任之以爪牙。爰及一艺可取，亦宜采录，众善必举，与时无弃。……文武有职事者，五品以上，宜依令十科举人，有一于此，不必求备。朕当待以下次，随才升擢，其见任九品以上官者，不在举送之限。"

从隋炀帝的诏书中我们可以看出，隋炀帝继位之初对从根本上剔除九品中正制的影响，确立新的选拔制度的决心，该诏书已明确提出十科举人的项目和标准，即孝悌有闻，德行敦厚，节仪可称，操履清洁，强毅正直，执宪不挠，学业优敏，文采秀美，才勘将略，膂力骁壮。选士的项目和标准皆较明确、具体。

其后，在隋炀帝大业五年（609）六月，再次下诏曰："诸郡学业该通，才艺优洽；膂力骁壮，超绝等伦；在官勤奋，堪理政事；立性正直，不避强抑，四科举人。"

该诏书把过去的十科举人改为四科举人，其分科举人的标准较前者更明确、更具体了，为唐代科举制度的进一步发展与完善奠定了基础。虽然说隋炀帝在继位之初所创立的几个科目具有不固定的形态，但是，作为一种选拔人才的方式，基本上确定了科举制的雏形，通过举荐人才参加考试是这一时期选拔人才的重大变化。

唐承隋制，以分科考试选拔人才，逐渐成为定制，宋、元、明、清，历代相袭，在中国历史上推行1300年之久，对教育产生了重大的影响。

唐王朝十分重视教育，它采取了不拘一格的文教政策，大力发展官学，同时鼓励私人办学，形成了相当完备的教育体系。唐代不拘一格的教育体系不仅仅体现在兴盛的官学和私学上，其本质上更是一种全民教育。唐代有很多大家族，在家族内就有"家风、家传、家学"，这类具有文化底蕴的家族特别重视自己的子弟，家族内往往开设私学用来教授所有的子弟。而且并不是只有贵族子弟才能学习，有条件的家庭都会让孩子读些书，也不光是男孩子学习，女孩子在唐代也是可以学习的，所以唐代诗文中常常描写好多女孩子拿着书包到学校里去学习的这种情景。在唐代很多女性都是有知识、有文化的，这也是唐代教育开放、不拘一格的结果。唐代的教育体系虽然十分开放，但是对于教学质量的要求也十分严格。在唐朝之前，统治者采取的选官用人制度是九品中正制，九品中正制最初是要考察人的品行、才能和学识，结果最后却沦为了达官贵人的工具，形成了所谓"上品无寒门，下品无士族"的这种情况，在这种情形下，人才的质量也难以尽如人意。这种弊端在隋朝的时候就已经被发现，因此隋炀帝创立了进士科，通过考试的办法来选官用人，到了唐朝，统治者就开始大力地推广科举制。在这种社会趋势之下，一些优秀的社会上的知识分子终于找到了晋升之路，唐朝无论是官学还是私学，对于教育质量的要求是十分严格的，比如，对于考核以及纪律的种种规定等。

唐朝小学生的入学年纪跟现在的很接近，一般在六七岁，如唐代著名的医学家孙思邈就是 7 岁入的小学。不过几岁入学在唐代并没有硬性规定，所以十几岁，甚至二十几岁的人也和一群小学生在课堂里读书识字。孙思邈读完小学，就直接考试进入了高等教育学府。

在唐朝的高等教育体系中，中央有国子监，各州（府）有州学。州学的制度、教材，基本与国子监一样。用今天的话说，国子监是国立大学、最高学府，州学是州立大学、地方高校。

国子监师资力量要强得多。在年龄限定方面，进入学馆的学徒必须在 14 岁至 19 岁；律学学徒的年龄要在 18 岁至 25 岁。要进入这些学馆深造，除年龄符合外，还需经层层选拔，就跟现在的升学考试差不多。各州、县分别设立学馆，由州、县长官直接管理的唐代的教育制度中，对各级学馆的学生人数有严格的规定。

中央设立的国子监，对学生人数则相对弹性。正因为如此，在鼎盛时期，仅国学一项，学生人数就在八千以上，各个国家派遣过来的留学生也是照单全收。人数限制之松，可见一斑。

但是受到魏晋南北朝重视品官门第出身遗风的影响，入学国子监的学生必须具备文武官员三品以上、国公的子孙、二品以上曾孙的身份。这群官家子弟在国子监一起学习，管理非常严格。首先，要举行一个严格的礼仪教育，相当于现在大学的军训。在这期间，要严格遵守"尊敬教官，作揖行礼，严肃认真，拱立听讲；有疑问，必须要举手请教。如遇教官出入教室，监生要站立道路两侧，并向教官请安，不得造次无礼。会讲时，学生要规规矩矩地站着听讲；端正严肃，衣着整洁，不许燕安怠惰，脱巾解衣，喧哗嬉笑"。其次，国子监的考勤也非常严格。出席活动要考勤，每天晚上睡觉也要考勤，对无故旷课或者夜不归宿的全部记录在案，后面很可能会影响你的升学进程。国子监放假也很严格，通常每次大考之后会放假一天，农忙或冬天换季的时候也会放一天假。国子监的学生除了可以选择参加科举考试参与仕途外，还可以进入中央或地方各个机关单位实习。

通常实习期为半年，其间要学会处理各个机构的大小事务。如果你实习合格，便可进入仕途。不合格的话就要重修，继续在国子监学习。

唐朝还很鼓励自学成才，有钱的可以在家自己请老师一对一地教学，没钱的便在家悬梁刺股、凿壁偷光地学，最后考取功名走上仕途的也不少。如韩愈，唐宋八大家之首，在哲学上的造诣就不必说，他还担任过二十几个官职，在学术和教育方面，从大学老师，干到了大学校长、教育部部长；在政治方面，干过纪检官员，当过县、州、首都的一把手，还做过皇帝的秘书（中书舍人）；在经济方面，当过审计署署长（比部郎中）；在法律方面，从地方法官干到了中央政法委书记（刑部侍郎）；在军事方面，当过参谋、参谋长、国防部长（兵部侍郎）；在人事方面，当过中组部部长（吏部侍郎）。

同时，唐朝还非常重视专业人才的培养，律学、书学、算学、兽医学等类并不涉及政治的学习项目，唐朝全部大力向庶民开放。据《新唐书·选举志下》，医生、工匠、厨师、艺人、看天象的、看风水的、翻译人员等，都是通过考试选拔的。

宋继五代十国，面临频繁的农民起义和辽、西夏、金等少数民族政权的武力胁逼，现实严峻地提出如何维护、延续封建统治的问题，因而在学术领域内一度呈现出相对活跃的局面，先后形成以范仲淹为首的改革派，以王安石为首的新学派，以陈亮、叶适为首的事功学派，以程颢、程颐、朱熹为代表的理学派，以陆九渊为首的心学派。

宋代出现了"庆历兴学""熙宁兴学""崇宁兴学"三次著名的兴学运动，对教育的推动作用很大。宋代在国子监下设置教授经学的国子学、太学（四门学、广文馆及辟雍存在时间短暂），传授各种专门知识和技艺的武学、律学、医学、算学、书学、画学。辽国在国子监下曾置上京、中京、东京、西京、南京五国子学。金国和元代效仿宋代在国子监辖下除设立国子学外，还建置以本民族语言进行教学的学校，如女真国子学、蒙古国子学等，亦分别称国子监。其目的在于保存和发展本民族的语言文字，保持本民族的性格特征与传统。仍照唐制按地方行政区域建学。宋代地方行政分路、州（府、军、监）及县三级，州以下设置教授儒经的学校。辽、金仿宋建有府学、州学及县学。元代地方行政分路、府、州、县四级。各级均设置教授四书五经的儒学，内附设小学。

书院在宋朝得到进一步发展。北宋初年，著名书院有四：石鼓书院、白鹿洞书院、应天府书院与岳麓书院（据《文献通考·学校考》）。南宋书院兴盛，著名的亦有四：白鹿洞书院、岳麓书院、丽泽书院与象山书院。四大书院或是私人设置，或是地方郡守修建，均不纳于官学系统之中，是南宋著名理学家、心学家讲学的地方，是每一学派的学术基地。南宋书院重开自由讲学之风，形成了自己独特的教学风格而明显区别于官学。

宋代教育中另一个重要特点是重视蒙学。蒙学每日的功课主要是教儿童识字、习字、读书、背书、对课与作文，同时也注重培养他们的道德观念和行为习惯。宋代的书院教育在中国教育历史中影响历久，其鼎力者是大思想家朱熹，朱熹在很大程度上恢复了孔子的教育思想，朱熹强调教育目的是"明人伦"，其教育内容为父子有亲、君臣有义、夫妇有别、长幼有序、朋友有序，教育阶段分为大学和小学两个阶段，朱熹对教育贡献最大的是他的朱熹读书法，其内容为"循序渐进、熟读精思、虚心涵泳、切己体察、着紧用力、居敬持志"。北宋末年，从地方教育中选择优秀者保送到"中央大学"进一步深造，把地方书院纳入国家教育体系中来，这是对中国教育健康发展所起的一个正面效应。这时学校制度更为完备，在中央有太学、国子学等，宋代私人讲学的书院兴起。书院注重依照封建伦理观念培养学生的道德品行，在学习方法上也鼓励讨论、辩难和让学生自讲心得，风气比较活跃。

元代官学体制自元世祖忽必烈在位时已基本建立起来。大致可以分为三种类型：一是以汉文进行教学的儒学教育机构——国子学；二是以少数民族文字进行教学的教育机构——蒙古国子学、回回国子学；三是专业技术教育机构，如司天监、太医院等政府专职机构下属的专业学校。

元代各路、府、州、县均设儒学，一度还要求附设小学。元代地方官学除儒学外还有蒙古字学、医学和阴阳学，分别与中央的蒙古国子学、医学和天文学对应。这样就使各类学校都与中央和地方配套，在中国古代还没有其他朝代能完全做到。元代还创立了一种基层教育设施——社学。每50家左右编为一社，每社立一学，择通晓经书者为学师，农闲时学习文化知识，但社学更主要的任务还是进行伦理道德的教化和配合政策法令的宣传，实际上是基层政教合一的一种组织形式。元代地方学校十分发达，元世祖至元二十五年（1288）统计，共计有24400多所。

在元代，不甘成为"异族"奴仆的知识分子，以退隐为消极对抗的手段，因此书院的规模与社会作用也无法与宋代相比了。中央的国子学到地方的州县学的学生都由政府出资培养，教育的社会功能丧失殆尽，成为一级行政机构。明代中期以来，书院比较兴盛，明朝后期东林书院以其评识朝政的活动而著名。明代中叶朝廷两次废毁书院使民间教育大受摧残，遂使教育事业远远达不到宋代曾经达到的高度。明朝强化了前代的科举制度。为了严厉控制士人的思想，实行八股取士，这体现出君主专制的强烈色彩。

明代一方面实行"治国以教化为先，教化以学校为本"的文教政策，使中央官学、地方官学以及社学都得到空前规模的发展；另一方面明代又在学校教育中实行前所未有的文化专制管理，在科举制中实行八股取士，使其具有活力的内容逐渐消亡。明代广设学校，培育人才，重视科举，选拔人才。与宋代不同的是，明代实行"科举必由学校"的制度。也就是说，只有接受学校教育取得"士"之出身的学子才有资格参加科举考试，这使学校教育和科举相辅相成，这比宋代教育有所进步。明代学校，中央有国子监及宗学、武学等，地方有府学、州学、县学，此外还有武学、医学、阴阳学和社学等。其中国子监属大学性质；武学、医学、阴阳学属专科学校性质；社学属小学性质，宗学则是贵族学校。明代科举制沿袭宋元，分乡试、会试、殿试三种。考试内容第一类为经义，出题限于四书五经，文体多为八股，也就是答卷作文的格式由破题、承题、起讲、入手、起股、中股、后股、束股等八部分组成。考试内容的第二类为诏诰律令，第三类则为经史时务策。在明代，程朱理学教育理论依然占有统治地位。明代中叶以后，王守仁创立的"心学"教育理论以反传统教育的姿态出现，使明代教育思想出现了多元发展的倾向。以"重实"著称的王廷相，批判理学教育的脱离实际、空疏无用，反映了明代社会发展的新动向，成为明末清初实用教育思潮的先声。

清代的统治者一方面广泛兴设学校，积极发展文教事业，另一方面又仿照明代的做法，制定各种严厉的学规，加强对各级学校的管理和控制。清代学校教育制度基本承袭明代旧制。由于清代更加重视科举，致使清代学校较之明代更加衰退，有些学校形同虚设。譬如在科举制度影响下，清代地方学校的教学只剩考课，实际上成了科举的预备场所。从清朝立国到鸦片战争以前的清代教育，已到了中国封建社会教育发展的末期。由于统治者的高度重视，顺治、康熙、雍正、乾隆时期，学校教育得到了较大的发展。但是由于清代和明代一样实行严厉的思想控制，又用僵化到极点、毫无生命力的科举制约教育，最终致使科举兴、学校废、人才衰。所以明清进步教育思想家中最有闪光点的思想都是从批判科举制和教育弊端中展开的。明末清初思想家顾炎武在《日知录》中就这样批判道："天下之人唯知此物可以取科名、享富贵。此之谓学问，此之谓士人，而他书一切不观。""八股之害，等于焚书。而败坏人才有甚于咸阳之郊所坑者。"在鸦片战争之前清代教育思想中最有意义的是出现了实学教育思潮，朱之瑜、黄宗羲、王夫之、颜元等都是重要的代表人物。他们站在时代的高度猛烈抨击传统的教育思想和制度，揭露科举考试制度的危害，主张培养有道德、有真才实学的人才，重视包括科技、军事知识在内的经世致用之学，强调学习要联系实际的教学原则和方法。正是从这个意义上，我们可以说实学教育思潮的兴起预示着对封建主义教育的批判即将兴起。

封建社会教育特点主要体现在：

（1）学校体制趋于完备。如中国封建社会鼎盛时期的唐代，已有相当齐备的学校体系。京都的儒学有弘文馆、崇文馆、国子学、太学、四门学；京都的专门学校有律学、书学、算学、医药学、兽医学、天文学以及音乐学校、工艺学校。

（2）教育的功能有所扩展。在奴隶社会侧重政治、军事、伦理功能的基础上，自然科学、社会科学和各种学校的发展，促进了教育的文化传播功能、人身保护功能以及选择功能和促进生产的功能。

（3）教育类型多样化。有学校教育、社会教育、家庭教育。私人讲学之风由此打开，出现了百家争鸣的局面，受教育者的范围也逐渐扩大。

（4）教育目的单一化。"学而优则仕"盛行，教育与生产劳动相分离，学校轻视体力劳动，强调思想教育统治人民。教育内容呈现刻板性，崇尚书本知识，死记硬背，强迫体罚，棍棒教育。

（5）教育思想多重化。重视继承和整理古代文化，倡导启发式教育学生，提倡实施因材施教，注重培养道德教育，提出教师应具备良好的职业道德等。

第四节 近代社会的教育

魏源在《海国图志》中写道，编撰此书的目的是"为师夷之长技以制夷而作"，后来被作为洋务运动前期的指导思想。这句话的意思是：向洋人学习先进的军事技术，用以抵抗洋人的侵略。所谓"师夷"，就是向西方学习，在今天看来，这是非常普通的主张，没有人会对此提出异议，但在魏源生活的时代，这可是石破天惊之论。因为当时中国古老而沉重的国门刚刚被打开，人们满脑子装的都是传统的"天朝上国""华尊夷卑"观念，只主张"以夏变夷"，对"以夷变夏"是想都不敢想的。为了说服人们接受自己的"师夷"主张，魏源不得不对中国历史上的土"夷"与如今来自欧美的洋"夷"做一番区分。他写道：所谓"蛮狄羌夷之名"，指的是那些居住在中国周边而未知"王化"的少数民族，而不是来自欧美的具有高度文明的外国人。我们虽然顺从习惯，将来自欧美的外国人称为"夷"，但实际上他们与中国历史上的土"夷"是不同的，他们"明礼行义，上通天象，下察地理，旁彻物情，贯串古今"，是天下的"奇士"、域内的"良友"，值得我们学习。他还批评那些坚持"华尊夷卑"的传统观念、反对"师夷"亦即向西方学习的人，是株守一隅、夜郎自大的"夏虫井底之蛙"。

他也提出，向西方学习，并非学习西方的一切，而是要学习西方的

"长技"，也就是西方比中国先进的东西。

从 19 世纪下半叶开始，中国思想界逐步形成一股改良主义思潮，甲午战争以后，这一思潮终于发展成为声势浩大的救亡图存的资产阶级维新运动。以康有为、梁启超为代表的维新派，严厉地批判科举制，大力倡导资产阶级新教育。"百日维新"虽然短暂，但也给封建文化教育以巨大的冲击，促进了中国近代资产阶级教育的发展。从 1901 年起，清政府被迫实行"新教育"。1902 年公布的"壬寅学制"，是我国近代第一个比较系统的法定学制。1904 年，清政府又进一步公布了"癸卯学制"并在全国施行。1906 年清政府下令停止科举考试，至此，自隋代起实行了 1300 年的科举制终于退出了历史舞台，中国教育开始进入一个崭新的发展阶段。

近代中国的教育就是一部中与西、旧与新、传统与现代教育体制和教育观念冲突和融合的历史，从 1840 年鸦片战争开始，中国逐渐进入半殖民地半封建社会，此后的五四运动标志着中国反帝反封建的资产阶级民主革命发展到了一个新的阶段，旧民主主义转变成新民主主义，中国的教育开始进入一个新的阶段，中国近代教育建立了很多学堂，使得学校管理制度得到了提升。这个时期的教育，我国借鉴了国外很多教育思想，把我国教育和国外教育相融合起来，这首先就应该谈一谈洋务运动，虽然说这场运动失败了，但是正是由于它的失败才使得中国的国民有所觉醒，其对我们的教育有着一定的积极意义：从西方资本主义国家引入了一些近代科学技术，中国出现了第一批近代企业；为中国近代企业积累了生产经验，培养了技术力量；在客观上为中国民族资本主义的产生和发展起到了促进作用，为中国的近代化开辟了道路。

除了以上各种改革教育思想运动，还有其主要人物。首先，张之洞提出了"中体西用"的思想，这一思想的形成，使得传统教育内容只重儒学的思想改革了，开始学习自然科学知识，中国近代科学技术教育开始发展，培养了中国一代新人，促进了我国教育的发展。张之洞还把书院改为学堂，推行新学制，废除科举制度，这一制度可谓功不可没。其次，蔡元培提出的"五育并重"的教育思想（军国民教育、实利主义教育、公民道德教育、世界观教育和美育），都对中国的教育有着重要作用。再次，陶行知提出"生活教育"理论，其主要内容为生活即教育、社会即学校、教学做合一，最后一条尤为重要，是陶行知"生活教育"理论的教学方法论。最后，黄炎培关于职业教育思想有很深的见解，他十分重视职业教育的社会化和科学化，他认为社会化和科学化是职业教育所应遵循的基本办学方针，以上这些伟人的思想有很多东西值得我们吸取和借鉴，对于我们日后教育的发展起促进作用。

近代教育呈现出以下特点：

（1）国家加强了对教育的重视和干预，公立学校崛起。19 世纪以后，资产阶级政府逐渐认识到公共教育的重要性，并逐渐建立了公共教育系统。

（2）初等义务教育普遍实施。机械化工业革命的基本完成和电气化工业革命的兴起，提出了普及初等教育的要求，并为初等教育的普及提供了物质条件。

（3）教育的世俗化。与公立教育的发展相应，教育逐渐建立了实用功利的世俗教育目标，从宗教教育中分离出来。

（4）教育的法制化，倡导以法治教。西方教育发展的一个明显的特点就是有法律的明确规定，教育的每次重要进展或重大变革，都以法律的形式规定和提供保证。

第五节　现代社会的教育

现代教育从 1949 年中华人民共和国成立开始，一直到现在。马克思的人的全面发展学说成为我国教育目的的理论基础。提出教育必须为社会主义现代化建设服务、"三个面向"、教育优先发展、素质教育、教育公平、均衡发展、提高质量等。无论是 1985 年颁布的《中共中央关于教育体制改革的决定》、1993 年颁布的《中国教育改革和发展纲要》，还是 1999 年颁布的《中共中央国务院关于深化教育改革全面推进素质教育的决定》、2001 年颁布的《基础教育课程改革纲要（试行）》和 2010 年颁布的《教育规划纲要》、2011 年颁布的《关于大力推进教师教育课程改革的意见》、2014 年颁布的《关于全面深化课程改革落实立德树人根本任务的意见》，再到 2010 年颁布的《国家中长期教育改革和发展规划纲要（2010—2020 年)》，这些里程碑式的政策的出台都与教育基本理论发展密切相关。这些政策的形成与教育基本理论对"应试教育"的批判、对教育质量、教育公平、教育创新、教育体制等的研究密切相关。

2018 年全国教育事业发展统计公报公布：全国共有各级各类学校 51.88 万所，比上年增加 5017 所，增长 0.98%；各级各类学历教育在校生 2.76 亿人，比上年增加 539.40 万人，增长 2.00%；专任教师 1672.85 万人，比上年增加 45.96 万人，增长 2.83%。

十一届三中全会以来，随着我国改革开放的不断推进和市场经济的蓬勃发展，我国民办教育事业取得了长足发展，已成为我国教育事业的重要组成部分。在改革开放初期，民办教育是在财政投入严重不足、教育资源严重短缺的大背景下发展起来的。当时，民办教育作为公办教育的重要补充，以供给为导向，在满足人民群众一般教育需求上，做出了巨大贡献，为我国经济转型期普及学前教育、基础教育，促进农村人口向城市转移和推进高等教育大众化进程发挥了积极作用。伴随着我国综合国力增强，教育事业快速发展，人民物质文化生活水平不断提高，优质的、有特色的、多样化的教育需求日益旺盛，以质量和特色为导向，民办教育将成为"办人民满意的教育"的生力军和建设人力资源强国的重要力量。从民办学校自身来讲，强化内涵，打造特色，还需要漫长的过程。

2018 年 9 月 10 日，全国教育大会在北京召开。中共中央总书记、国家主席、中央军委主席习近平出席会议并发表重要讲话。习近平强调："长期以来，广大教师贯彻党的教育方针，教书育人，呕心沥血，默默奉献，为国家发展和民族振兴作出了重大贡献。教师是人类灵魂的工程师，是人类文明的传承者，承载着传播知识、传播思想、传播真理，塑造灵魂、塑造生命、塑造新人的时代重任。全党全社会要弘扬尊师重教的社会风尚，努力提高教师政治地位、社会地位、职业地位，让广大教师享有应有的社会声望，在教书育人岗位上为党和人民事业作出新的更大的贡献。"①

全国教育大会为中国教育重新定位：教育是民族振兴、社会进步的重要基石，是功在当代、利在千秋的德政工程，对提高人民综合素质、促进人的全面发展、增强中华民族创新创造活力、实现中华民族伟大复兴具有决定性意义。教育是国之大计、党之大计。

教育的首要问题和根本任务是解决培养什么人、怎样培养人、为谁培养人。

我国是中国共产党领导的社会主义国家，这就决定了我们的教育必须把培养社会主义建设者和接班人作为根本任务，培养一代又一代拥护中国共产党领导和我国社会主义制度，立志为中国特色社会主义奋斗终生的有用人才。这是教育工作的根本任务，也是教育现代化的方向目标。

在培养社会主义建设者和接班人这个问题上明确指出：要在坚定理想信念上下功夫，教育引导学生树立共产主义远大理想和中国特色社会主义共同理想，增强学生的中国特色社会主义道路自信、理论自信、制度自信、文化自信，立志肩负起民族复兴的时代重任；要在厚植爱国主义情怀

---

① 习近平在全国教育大会上发表重要讲话［EB/OL］．新华网，2018 - 09 - 10.

上下功夫，让爱国主义精神在学生心中牢牢扎根，教育引导学生热爱和拥护中国共产党，立志听党话、跟党走，立志扎根人民、奉献国家；要在加强品德修养上下功夫，教育引导学生培育和践行社会主义核心价值观，踏踏实实修好品德，成为有大爱大德大情怀的人；要在增长知识见识上下功夫，教育引导学生珍惜学习时光，心无旁骛求知问学，增长见识，丰富学识，沿着求真理、悟道理、明事理的方向前进；要在培养奋斗精神上下功夫，教育引导学生树立高远志向，历练敢于担当、不懈奋斗的精神，具有勇于奋斗的精神状态、乐观向上的人生态度，做到刚健有为、自强不息；要在增强综合素质上下功夫，教育引导学生培养综合能力，培养创新思维；要树立健康第一的教育理念，开齐开足体育课，帮助学生在体育锻炼中享受乐趣、增强体质、健全人格、锤炼意志；要全面加强和改进学校美育，坚持以美育人、以文化人，提升学生审美和人文素养；要在学生中弘扬劳动精神，教育引导学生崇尚劳动、尊重劳动，懂得劳动最光荣、劳动最崇高、劳动最伟大、劳动最美丽的道理，长大后能够辛勤劳动、诚实劳动、创造性劳动。

教育的评价导向在于把立德树人融入思想道德教育、文化知识教育、社会实践教育各环节，贯穿基础教育、职业教育、高等教育各领域，学科体系、教学体系、教材体系、管理体系要围绕这个目标来设计，教师要围绕这个目标来教，学生要围绕这个目标来学。凡是不利于实现这个目标的做法都要坚决改过来。

中华人民共和国成立后的教育基本理论发展呈现出历史的厚重感，具备了理论的深度与高度，甚至可以说达到了一个标志鲜明的历史阶段。概括来讲，教育基本理论的重大成就主要体现在中华人民共和国成立后，特别是改革开放以来教育理论谱系中六个有代表性的重要理论。

第一，辨清了教育本质论。教育的本质是教育的内在规定性，是教育有别于其他事物的根本特征。人们在研究教育本质问题时，经历了理论探讨的迷雾，误把教育的属性当作教育的本质；经过了上层建筑说、生产力说、双重属性说、个体社会化说、传授说等说法，最终提出了教育的本质是根据一定社会需要培养人的社会实践活动的主张。为此，无论为教育加上多少个属性，都无碍于教育作为培养人的活动的本质规定性。进一步说，教育因培养人而与社会的其他活动相区别成其为教育，教育丧失了这一本质就丧失了其独特性。明晰教育本质的重大意义在于明确了教育的本体方位，知道教育是什么、应该干什么，并为人们分析教育现象、诊断教育问题、把握教育实践标准提供了明确的依据。

第二，明确了教育功能论。教育功能是教育之于社会发展和人的发展所起的作用，主要包括教育的社会功能和本体功能。教育的本体功能是教育自身所具有的职责和能力。教育的社会功能是教育通过自身传递知识技能、培养思想品德以及发展智力和体力等基本职能的发挥而产生的对社会政治变革、经济发展、科技进步、人口质量提高等的作用。教育功能分为正功能和负功能，正功能意味着发挥的是积极的作用，负功能意味着产生的是消极作用。教育功能理论的提出使人们明确了教育在社会发展和人的发展中的重要性，为提升教育的社会地位提供了重要的舆论力量。

第三，确立了教育先行论。习近平总书记明确指出："教育决定着人类的今天，也决定着人类的未来。人类社会需要通过教育不断培养社会需要的人才，需要通过教育来传授已知、更新旧知、开掘新知、探索未知，从而使人们能够更好认识世界和改造世界、更好创造人类的美好未来。"①党和国家要求教育要面向未来，使教育在适应现存生产力和政治经济发展水平的基础上，适当超前于社会生产力和政治经济的发展，其中一是教育投资增长速度应当超过经济增长速度；二是在人才培养上要兼顾社会主义

---

① 习近平．致清华大学苏世民学者项目启动的贺信［EB/OL］．中华人民共和国教育部，2013－04－22.

现代化建设近期与远期的需要，目标、内容等方面要具有适当的超前性。教育部明确落实教育优先发展战略方面走在前列；落实立德树人根本任务、培养德智体美劳全面发展的社会主义建设者和接班人方面走在前列；加强教师队伍建设方面走在前列；推进教育改革创新方面走在前列；加强党对教育工作的领导方面走在前列。

　　第四，提出了素质教育论。针对"应试教育"给创新人才培养带来的消极影响，研究者们提出了素质教育理论。素质教育，就是全面贯彻党的教育方针，以提高国民素质为根本宗旨，以培养学生的创新精神和实践能力为重点，造就"有理想、有道德、有文化、有纪律"的、德智体美等全面发展的社会主义事业的建设者和接班人。素质教育实践的国家指向是：德育为先、能力为重、全面发展。素质教育理论成为 21 世纪中华民族实现伟大复兴进行教育改革的指导思想。

　　第五，形成了教育公平论。十九大报告中明确指出，中国特色社会主义进入新时代，我国社会主要矛盾是人民日益增长的美好生活需要和不平衡不充分的发展之间的矛盾，必须坚持以人民为中心的发展思想，不断促进人民的全面发展、全体人民共同富裕。教育因其具有长期性和广泛性特点，成为促进人民全面发展的一条最主要途径，从而使人民共同享有人生出彩的机会，共同享有梦想成真的机会，共同享有同祖国和时代一起成长与进步的机会。在十九大报告中，习近平总书记把发展教育事业放在提高保障和改善民生水平的优先位置上，提出"建设教育强国是中华民族伟大复兴的基础工程，必须把教育事业放在优先位置，深化教育改革，加快教育现代化，办好人民满意的教育。要全面贯彻党的教育方针，落实立德树人根本任务，发展素质教育，推进教育公平，培养德智体美全面发展的社会主义建设者和接班人"①。中国地域广大，各地教育发展差异较大。在基本实现九年义务教育、让所有孩子都能上学之后，中国教育改革的目标开始指向缩小城乡、地区、学校间的差异，为此，提出了教育公平与均衡发展的理论。经过多年研究，研究者明确了教育公平的三大含义：教育机会公平，意味着保障公民依法享有受教育权利；教育过程公平，体现为每个人在资源分配中具有公平的份额，尤其是要向弱势群体倾斜，缩小教育差距；教育结果公平，保证公民受益于教育的公正性。教育公平理论成为中国教育走向高水平、高质量均衡的重要理论支撑。

第六，明确"立德树人"的根本任务。2019 年 3 月，在全国学校思想政治理论课教师座谈会上，习近平总书记强调："我们党立志于中华民族千秋伟业，必须培养一代又一代拥护中国共产党领导和我国社会主义制度、立志为中国特色社会主义事业奋斗终生的有用人才。在这个根本问题上，必须旗帜鲜明、毫不含糊。"② 思想政治工作是做人的工作，思想政治理论课是落实立德树人根本任务的关键课程，因此，我们要从坚持和发展中国特色社会主义事业、建设社会主义现代化强国、实现中华民族伟大复兴的高度来认识办好思政课的重大意义。2019 年 8 月，中共中央办公厅、国务院办公厅印发《关于深化新时代学校思想政治理论课改革创新的若干意见》，各省、市、自治区相继提出"课程思政"实施意见。课程是教育思想、教育目标和教育内容的主要载体，集中体现国家意志和社会主义核心价值观，是学校教育教学活动的基本依据，直接影响人才培养质量。全面深化课程改革，整体构建符合教育规律、体现时代特征、具有中国特色

---

① 习近平：决胜全面建成小康社会　夺取新时代中国特色社会主义伟大胜利——在中国共产党第十九次全国代表大会上的报告 ［EB/OL］. 中华人民共和国中央人民政府，2017 - 10 - 27.

② 习近平主持召开学校思想政治理论课教师座谈会 ［EB/OL］. 中华人民共和国中央人民政府，2019 - 03 - 18.

的人才培养体系，建立健全综合协调、充满活力的育人体制机制，落实立德树人根本任务，是贯彻党的十九大和全国教育大会精神的重大举措，是提高国民素质、建设人力资源强国的战略行动，是适应教育内涵发展、基本实现教育现代化的必然要求，对于全面提高育人水平，让每个学生都能成为有用之才具有重要意义。

现代社会教育的特点主要表现在：

（1）教育教学育人的根本任务越来越清晰，培养全面发展的个人正由理想走向实践。

（2）教育学理论基础的现代化，教育学学科体系日趋完善。

（3）教育与生产劳动相结合成为现代教育规律之一，教育学研究与教育实践改革的关系日益密切。

（4）教育普及制度化，教育形式多样化。

（5）人文教育与科学教育携手并进，教育学加强了对自身的反思。

（6）终身教育成为现代教育中一股富有生命力和感召力的教育思潮。

综上所述，中国从古至今的教育每个阶段都有其不同的特点，原始教育是教育的开端，奴隶教育是封建教育的铺垫期，近代教育是封建教育和现代教育的过渡期，这些阶段对我国教育发展都有着至关重要的作用，缺一不可。

第二章

中国古代私学

.

提到私学教育，一般人记忆中唤醒的可能是哈佛大学、耶鲁大学、普林斯顿大学、杜克大学、斯坦福大学等世界名校。

据教育部官方网站发表的数据，截至 2018 年年底，全国共有各级各类民办学校（教育机构）18.35 万所，招生 1779.75 万人，无论是学校数还是学生数在整个教育中的占比都超过了 1/3，民办教育成为社会主义教育事业的重要组成部分，教育事业发展的重要增长点和促进教育改革的重要力量。

在我国历史上，春秋时期就产生了私学，私学的兴起在中国教育史上具有划时代的意义，是教育制度上一次历史性的大变革。私学教育在长期发展中，积累了丰富的经验，对历代教育理论和教育实践做出了重要贡献。

私学，是中国古代私人开办的学校，与官学相对而言。私学产生于春秋时期，孔子虽非私学的首创者，但以孔子私学规模最大、影响最深，历时 2000 余年，在中国教育史上占有重要地位。

第一节　私学的起源

西周时期，"学在官府"，奴隶主贵族垄断文化教育，民间无任何学术可言。后来随着社会经济、政治的变动，官学逐渐走向衰落，文化教育也出现了"学术下移"的现象。原本在宫廷专门掌管典籍、身通六艺的士人纷纷流落出走，其中一部分人成了诸侯的学官，但也有一部分人流落民间，这些人中的有识之士就以个人的身份授徒讲学，这就是中国历史上最初的私学。私学的出现对当时以及后世都产生了巨大影响，在中国教育史上具有重要意义。私学是由于官学的衰落应运而生的，它的出现是历史发展的必然。

私学产生于春秋时期，孔子虽非私学的首创者，但孔子私学规模最大，影响最深。那时统一的奴隶制国家东周日趋衰落，礼崩乐坏。由"学在官府"变为"学在四夷"。原来东周的官吏到各诸侯国去谋出路，各诸侯国甚至各卿大夫的私门需要士为他们服务，争相养士，士的出路渐广，于是出现了"士"阶层。士的培养也就成为迫切的要求，私学便应运而生。士阶层中出现了各种学派，代表着不同阶级或阶层的利益。各个学派为了培养自己的人才，向各诸侯宣传各自的主张，求各诸侯采纳，以扩大政治上的势力。其中影响较大的是儒、墨、道、法四家，在学术上各家各有长短。历代封建帝王基本上并非专取一家，乃合各家成帝王之术，为巩固封建制度和各个王朝的统治服务，这四家均有私学。到了战国时期，秦、齐、楚、燕、韩、赵、魏七国争雄，"邦无定交，士无定主"，士的身价越来越高，养士的风气有增无减，私学更加盛行。"从师"之风盛极一时，于是私学更多，出现"百家争鸣"的局面。

私学兴起的原因是多方面的，政治、经济、文化等方面的变化对私学的兴起起了决定性的作用。经济上，春秋中期生产力的发展成为私学出现必不可少的物质条件。春秋时期是我国奴隶制崩溃而向封建制转变的社会大变革阶段，这次社会大变革的根源在于社会经济的新发展。春秋时期铁器开始被用于农耕及其他方面，而铁犁和牛耕的结合，大大提高了农业生产力。与此同时，这一时期的手工业、商业等也比以前有了很大发展。而经济基础的巨大变化进而导致上层建筑的巨大变革。

政治上，由生产力发展引起的政治上的巨大变革直接导致了官学的衰落。春秋初期，列国争雄，昔日"礼乐征伐自天子出"的政治局面被"礼乐征伐自诸侯出"的政治局面所取代，周王室非但不能驾驭诸侯，反而受到诸侯的欺凌。王权衰落，礼制破坏，一切都不能按旧制度办了。天子的辟雍、诸侯的泮宫、地方的乡校，久已不闻弦诵之声，名存实亡。黄绍箕说："周室东迁，王纲解纽，学校庠序废坠无闻。"在春秋中前期的200多年中，官学见于史传记载的只有两事而已，一是鲁僖公（前？—前627）修泮宫（《毛诗·鲁颂·泮水》）；另一是郑国子产（前？—前522）不毁乡校（《左传·襄公三十一年》）。这么长的时间内可供记载的事迹如此缺乏，说明官学在这一时期不仅没有新的发展，而且走向衰落。"学校不修"成为普遍现象，"不悦学"的情绪在贵族中相当流行，有些贵族甚至说"可以无学，无学不害，不害而学，则苟而可"（《左传·昭公十八年》）。这些现象说明了东周统治者再不能维持他们对学校的垄断地位，也说明了"学在官府"的教育已不能适应新的时势了。

经济、政治的下移必然导致学术的下移。王权的衰落导致学校的荒废，不论国学或乡学都难以维持，日趋衰废，周王朝的一些学官已陆续离开京畿，散到四处，不少图籍，也分散各地。据《论语·微子》记载："大师挚适齐，亚饭干适楚，三饭缭适蔡，四饭缺适秦，鼓方叔入于河，播鼗武入于汉，少师阳、击磬襄入于海。"这样，就使原来的教育中心由一个变为数个。据记载，"左传昭公十七年秋，郯子来朝，昭子问少皞氏官名云云，仲尼闻之，见于郯子而学之，既而告人曰：'吾闻之，天子失官，学在四夷，犹信。'"（《左传·昭公十七年》）这句话形象地说明了当时私人讲学已成为教育发展的新潮流。当时，孔子 27 岁，而据考证，孔子授徒讲学是在 30 岁之后："孔子年过三十，殆即退出仕途，在家授徒设教。"

通过以上三点内容我们可以得出如下结论：首先，从以上谈及的经济、政治、文化这些社会历史条件来看，早在春秋中期，私学出现的条件都已经具备了。王越在《论先秦私人讲学之风不始自孔子》一文说："这个时代世卿世禄制度的动摇和士阶层的抬头，是私人讲学的社会条件，'学在官府'这一文化传统的动摇，是私人讲学的学术条件，而私学讲学又促进了'学在官府'这一传统的打破，并促进了各学派之形成。"因此他问道："是否一定要等到孔子出来，才能开始私人讲学？在孔子以前，或孔子同时，是否就没有人能够聚徒讲学？"其次，官学的没落从春秋初期就开始了，"学校不修"在春秋中期已成为普遍现象，孔子 30 岁左右开始授徒讲学，应是公元前 521 年左右，那么，在官学没落的这 100 多年里，教育是以一种什么方式来继续的呢？社会不可以没有教育，知识的传授不可能中断，当旧的教育方式不能适应新时代的需要时，一种新的教育方式便会应运而生，来承担培养人才的职能。因此，在春秋初期，应该说已有私学产生，只是史书缺乏记载而已。

孔子本人的一些零散记载确证孔子之前私人讲学之风已出现。首先，郑师渠在《中国文化通史》中提出："大概早在春秋中叶，私学就已经出现。到了孔子生活的春秋末期，私学已有相当的数量和一定的规模。"孙培青在《中国教育史》中也提到"私学的兴起，发端于春秋中叶的历史新潮流，到了春秋末叶已发展到初步繁荣的阶段"[①]。孔子生活的年代是在春

① 孙培青.中国教育史［M］.上海：华东师范大学出版社，2000：26.

秋末期，而这一时期私学的初步繁荣说明在孔子之前私学已经出现并有了一定的发展，尽管可能发展十分有限。

孔子曾到各个私学去游学，他的学问也得之于私学。孔子"在少年时代除了跟随母亲学习之外，很可能在私学中受到过比较系统的训练"。孔子曾说："吾十有五而志于学。"（《论语·为政》）子贡赞扬孔丘"学无常师"，说明在孔丘办私学之前，已经有人以私人的形式在传授文化知识了。据《史记·孔子世家》记载，孔子曾"适周问礼，盖见老子"；"与齐太师语乐，闻《韶》音，学之，三月不知肉味"，还曾"学鼓琴师襄子"，仅史书记载，他的老师就有"五六个之多"，他的这些老师极有可能就是当时的私学老师，而他也只有在私人讲学之风极盛的条件下，才有可能四处求学。另外，孔子创办的私学，无论教学形式、教学方法还是教学内容都已比较成熟，应该是借鉴了前人开办私学的经验。

《史记·孔子世家》记载，孔子"弟子三千"，能有这么多的人跟随孔子学习固然是因为孔子是闻达于诸侯的著名学者，但能有这么多的人从学于私学老师，说明在当时跟随私学大师学习已成为一种普遍的现象，也已为大多数民众所接受，而私人讲学和拜师求教这种风尚的形成不可能是一蹴而就的，也需要一个过程。另外，据《论衡·讲瑞》记载，"少正卯在鲁与孔子并。孔子之门，三盈三虚，惟颜渊不去"，说明孔子弟子当中除了颜回之外，其他弟子也曾同时拜其他人为师。《庄子·内篇·德充符》记载："鲁有兀者王骀，从之游者与仲尼相若。"由此可见，在当时还有一些私学与孔子的私学并存。

孔子创办的私学规模很大，这是之前的私学所远远不能比拟的。孔子首倡"有教无类""启发诱导""因材施教"等教育方法，在当时的历史环境下是非常进步的。而且从招收学生和教学内容等方面来看，孔子创办的私学已经有一定的系统性，办学形式也比以前的私学更加成熟。另外，孔子号称"弟子三千，贤者七十二"（《史记·孔子世家》），弟子七十二贤散游诸侯，"大者为师傅卿相，小者友教士大夫"（《史记·儒林列传》），门徒遍及卫、陈、楚、魏、齐、鲁诸国，使儒学传习辗转，影响扩及夷夏诸邦，这对于扩大儒学的影响起了重要作用。总之，孔子创办的私学在当时规模最大，教学内容最充实，教学经验最丰富，培养人才最多，影响最为深远。孔子所传授的儒家思想符合统治者的需要。汉武帝"罢黜百家，独尊儒术"，使儒家思想占据了主导地位，在以后的历代封建王朝，儒家思想作为重要的思想统治工具延续了下来，孔子也成了人们心目中的"至圣先师"，关于儒家思想以及孔子的记载必然浩若繁星，保留下来的史料也就相对较多。因此，孔子开办的私学的影响远远大于在他之前创办的一些私学，其他的学派也就在历史的长河中变得更加微不足道，甚至慢慢消失而不为人知了。

与官学比较而言，私学不受政府权力的直接干预，故而可以获得相对独立的发展，它的教学内容更能够和社会学术思潮保持密切联系，在更新教学内容方面更具活力。私学没有官学那种衙门式的管理制度，这样，它就给了师生更多的自由度，教师可以自由讲学，可以不受政治等级的约束而自由聘请；学生亦可以择师而从，来去自由，这也能够给私学教育带来活力。唐宋以后出现一种高级形态的私学——书院。它拥有一套相对完善的管理制度，这有利于教学的正规化和教学质量的提高。因此，书院成为中国封建社会后期一种最重要的教育组织。

按程度来说，古代私学也有大学和小学程度之分，前者如春秋战国时期的私学、汉代的精舍、宋明的书院，后者如汉代的书馆、宋元的乡校、家塾、冬学等，它们可合称为蒙学。

稷下学宫建于战国时期齐国的都城临淄的稷门之下，它是齐国统治者设立的国家养士机构，凭借国家的财力、物力养士，绵延达一个半世纪之久，几乎集中了当时各家各派的学者。稷下学宫虽系齐国官办，但它实际上又是许多私学的集合体。其特色主要有：其一，"不治而议论"，即士人并不担任具体的官职，一般不承担行政事务，以备统治者咨询，日常则从事自己的学术研究和讲学活动。因此，稷下学宫实际上起到的是"智囊团"的作用。其二，自由辩论。稷下学宫采取的是学术自由、兼容并蓄的政策，各家学派在稷下学宫都占据了一定地位，他们要使自己的学说得到公认，不得不通过公开的辩论，以理服人，这就活跃了思想，繁荣了学术。在学宫所召开的"期会"中，不仅全校教师和四方游士可自由参加，学生也可参加驳难辩论，这种在学术上师生之间的民主平等，有助于扩大眼界，也有利于人才的成长，并对解放和活跃学生思想起了极大的作用。其三，学无常师。稷下学宫的教学方式十分特殊，在教学中，学生可以自由听讲，实行游学自由的方针。当时前来稷下学宫的，既有个别游学，也有集团游学的情况。可以随时请求加入，也随时可以告退，不受任何限制。学生来到稷下学宫后，则不限于跟一个先生，其他先生讲学也可以听讲请教，这种灵活的教学制度，使学生有机会接触各种学说，打破了学术流派的局限，各家各派在稷下学宫相互批评，又相互吸收，促进了学术发展。其四，在学生管理上，稷下学宫制定了中国历史上第一个学生守则——《弟子职》，全文载于《管子》，从尊敬师长到敬德修业，从饮食起居到衣着仪表，从课堂授课到课后复习均有严格规定。从《弟子职》可以看出稷下学宫对学生管理的总体特点，体现了教学的目的性、计划性和组织性。这一学生守则流传后世，产生了深远的影响。

宋明时期出现了书院，古代著名书院主要有宋代的岳麓、白鹿洞、嵩阳、应天府、茅山、石鼓、华林、雷塘书院，明代的紫阳、东林书院等。

第二节　私学的历史

顾名思义，私学即私人办的学校。中国古代私学始于春秋时期，史书记载，最早的私学是春秋中叶郑国的邓析所创办，讲授他自己的著作《竹刑》，专教诉讼之法。同时郑国的伯丰子也开办私学。这些是在孔子私学之前创办的。当时规模最大的是孔子私学，还有少正卯的私学名声也很大，曾把孔子的学生吸引过去。到春秋末期，私学更加兴盛，最有名的是儒、墨两家，当时号称"显学"。战国时期，私人讲学之风大盛，孟子"从者数百人"，以阐明人伦为教学目的；荀子先后于齐、秦、楚国著书讲学，培养出李斯、韩非这些当时属一流的政治家和理论家。墨家私学是个严格而有纪律的政治团体和学派，要求学生具有刻苦、耐劳、服从和舍己为人的精神，并重视生产劳动和科技知识教育。以老聃和庄周为代表的道家学派，其后期吸收了许多法家、兵家及儒家的思想，子夏在西河讲学，弟子300多人，李悝、吴起、魏文侯等都是他的学生。

汉武帝时虽宣布"罢黜百家，独尊儒术"，但并没有禁止私学。私学内多传授古文经学。由于私学力量日益增强，至东汉末年到了压倒官学的地位。汉代太学生可以向校外的著名经学专家学习，经师大儒往往自立"精舍""精庐"，开门授徒。学习经学是做官的唯一途径，经学极盛，经学大师的学生多至无法容纳，有的可以及门受业，而有的则只要挂上一个名字，便叫作著录弟子，不必亲来受业。儒家经学的发展历史，就是中国古代私学发展的历史。官学虽然也起了一定作用，然而对学术发展的最大功劳在于私学。尤其是儒家以外的各家，之所以能保存下来，全赖私学，并形成许多新的流派。

两晋私学颇为发达，名儒聚徒讲学，生徒常有几百或几千人。南朝的官学时兴时废，教育多赖私学维持。北魏虽曾一度禁止私学，整个北朝为了促进汉化，官学比较发达，但私学也颇盛。

隋唐官学极盛，私学亦盛。隋朝王通是一个大儒家，门下弟子遍及全国，唐代众卿相多出其门下。魏晋南北朝时期，官学兴废无常，私学相对得以发展。名儒聚徒讲学，常有几百人或几千人听讲。如雷次宗在庐山，顾欢在天台山，沈德威在太学当博士，回家还要授课讲学，许多贵族、士子也纷纷到此受业解惑。北魏时期的徐道明讲学20余年，学生先后多至万人。隋唐时期官学兴盛，私学也随之发达。如隋朝大儒王通、曹宪，唐代颜师古、孔颖达、尹知章、韩愈等都曾在私学中教授学生，许多名儒隐居山水胜地，开学馆、设书院，当为宋代书院大兴的起源。

唐代私学教育发达，主要有个人讲学、家学、私塾、佛寺之学、道观之学等类型，呈现出办学规模较大、科举应试性强、教师来源广泛等特点。"振才业，致名位"是私学教育的主要目标，在学费方面采取免费、资助和收费相结合的方式。唐代的私学教育是传统教育体系的历史延续，也是春秋以降文化下移的必然结果，科举制和开放的文化、宗教政策是推动唐代私学发展的重要原因。

宋代私学教育和启蒙教育都得到了充分发展。经过北宋三次兴学，南宋官学有名无实，许多学者致力于私学。这一时期的启蒙教育已形成相对稳定的教学内容，《三字经》《百家姓》《千家诗》等启蒙教材大都为宋人编撰或改订。宋代，书院成为私学的一个重要方面。其势大，其日久，影响很大。书院初为私立，后来才由政府控制了一部分，作为聚徒讲学的书院开始于五代，宋兴之初最著名的有白鹿洞、石鼓、应天府、岳麓四书院。后来书院规模超过了州县学。南宋书院尤多。

辽、金、元各朝代私学也很活跃，其原因是统治阶层发生了不同民族的更迭，各民族都迫切需要加速培养本民族的治国人才，而战乱的频繁，使得官学远远不能满足需要，私学才得以兴盛，其形式有私塾、家塾、经馆、家学等。明清时代的私学，继宋、元以后仍兴盛不衰，形式也无大区别。另外值得一提的是唐末以后的私学中产生了一批书院，宋代得到发展后明清时代即向官学转化，这不能不说是私学在中国历史上的贡献之一。

从晚清至1949年，具有民主色彩和自由精神的新式私学开始出现并获得较大发展，标志着中国的私学已发展到一个较高的层次。

第三节　古代私立高等教育

　　古代高等教育按办学性质分为官办高等教育和私立高等教育两种类型，书院是私立高等教育的最高形式，讲会制度是书院特有的教学形式，也是其之所以能长久存在并具有巨大生命力、吸引力的魅力所在。通过私立高校的代表——书院所开创的讲会制度，可以窥视出我国古代高等教育的特点和概况。

一、书院概述

　　私学是与官学相对应的一种教育体制，与官办高等教育——太学相对应的是私学的最高学府——书院。书院是我国封建社会后期兴盛起来的一种教学形式，融藏书、印书、学术研究、授徒为一体，是中国古代学者研究学问、聚众讲学的高等教育机构，是私家经馆发展的规范化、制度化的最高阶段。书院独创讲会制度，教学形式多样，讲学允许不同观点自由讲学，它形成了一套独具特色的组织制度、基本规制、讲学形式，对中国文化的繁荣和发展做出了不可磨灭的历史贡献。

　　书院在隋唐时期形成，宋朝开始建立，元代仍然不衰，盛行于明代，普及于清代，清末书院走向官学化而最终消失。宋朝统治者"兴文教"政策的推行，通过给予表彰和赞助，或赐院额或赐经书、学田或兼而有之，使书院的数量、规模、组织等得到空前发展。宋初最著名的书院有石鼓书院、白鹿洞书院、应天府书院、嵩阳书院等。据统计，宋代共建书院173所，又据《宋元明清书院概况》记载，宋代书院共203所，书院几乎取代了官学成为重要的高教机构。明初实行强化专制的文教政策，加强思想控制，重官学而轻私学，书院未受到重视，宋元以来的不少书院被并入地方官学和社学。正统以后，官学衰落，书院开始兴起，嘉靖以后达到极盛，有1200多所。著名的东林书院继承了稷下之学馆和宋元书院讲学形式，完善了颇有特色的讲会制度。正德年间，以王守仁为代表的心学派的讲学活动又促使书院的发展达到了高潮，但由于统治者对书院"讽议朝政，载量人物"心存戒备，导致明代四次封闭书院。元朝开始书院官学化倾向日益明显。清朝统治者对书院采取抑制政策。书院受到严格控制，其经费、管理权、考试、人事权都由清政府直接插手掌握，所以书院至清代完全被官学同化，其属性也全部沦丧。绝大多数书院成了科举的预备场所。光绪二十一年（1895），清政府采纳张之洞等人的建议，下诏将书院改为学堂，至此，我国古代民办高等教育史上的最高学府——书院在历尽沧桑后在清政府的新政中消失了。

书院虽然消失了，但作为中国封建社会经学教育的最高和特殊组织，传承了中国古代的民族文化，创造了我国封建社会高等教育史上的一大奇观，给中国当代民办高等教育提供了有益的启示，特别是灵活的教学形式值得我们学习借鉴。以史为鉴，别具一格、深受欢迎、效果显著、影响深远的具有代表性的讲会制度尤其值得我们研究和学习。

二、书院的产生

"书院"之名起源于唐代。唐开元六年时（718）曾一度将皇家藏书、校书之所的"乾元院"更名为"丽正修书院"。到了开元十三年（725），又改名为"集贤殿书院"。这虽然是"书院"之名的开始，但它毕竟只是朝廷收藏、校勘经籍的地方，还不是后来的那种由儒家士大夫创办的文化教育组织。

在此之后，民间开始出现了许多称为书院的地方。《全唐诗》中，可以偶尔看到一些以书院为题的作品，如《题玉真观李泌书院》《南溪书院》《宿沈彬进士书院》等。此外，地方志中也记载了一些创办于唐代的书院，如江西高安的桂岩书院、福建建阳的鳌峰书院、湖南衡山的邺侯书院等。上述这些书院均是儒家士大夫所创办，其中一些还具备了治学、讲学、会文、藏书等功能，这些书院的出现才真正标志着书院的形成。

书院的全面兴起是在北宋。宋初官学不兴，这时，唐五代时期萌芽的书院则受到热心文化教育的士大夫们的青睐，各地纷纷创办书院，其规模之大、数量之多，已非往日可比。其中一些创办得十分成功的书院还受到了皇帝赐额、赐书、赐田产的特殊待遇。这时涌现出一些著名书院，包括岳麓书院、白鹿洞书院、嵩阳书院、应天府书院、石鼓书院、茅山书院、徂徕书院、泰山书院等，后来还出现了说法不一的"天下四大书院"之说。南宋时期，书院进入它的鼎盛时期，其显著标志就是它和理学思潮的紧密结合。当时许多著名的理学家如朱熹、李栻、吕祖谦、陆九渊等人均创办和主持书院，以书院为基地而形成不同学派，开展学术交流和争鸣活动。这时，书院的文化教育功能、组织制度、基本规制则进一步完善，充分显示了它在文化教育方面的优势和特色。书院制度成熟与繁荣，逐步发展成为儒家学术文化、人文教育的基地。

书院作为一种十分成熟、完善的教育组织，是中国古代教育高度发展的结果。中国书院产生以后，就表现出蓬勃的生命活力，一直绵延1000多年之久，遍布中华的南北大地，并且还传播到韩国、越南、新加坡、日本等海外地区。书院的生命力，来自这种文化——教育组织在办学形式上能够继往开来。

书院作为一种新型的文化教育组织，首先在于它继承、发扬了中国古代优良的私学教育传统。在中国古代社会中，那些执着于以道为志的儒家士人常常表现出一种独立学术、自由讲学的要求。从孔子创立的私学到诸子百家的争鸣、从汉儒讲学的精舍到魏晋名士的清淡，无不表现出一种独立的发展学术、教育的愿望。书院的出现，充分满足了儒家士人的这种愿望。书院山长往往是山林隐居或地方饱学之士，而非朝廷任命的官员，学生则往往是择师而从、来去自由，课堂讲学更主张师生讨论、问难论辩，充分表现出书院继承了中国传统私学的那种独立学术、自由讲学的精神。

但是，书院又和以前的私学有很大的区别，表现出一种制度创新的精神。书院在教学设施方面更加完备，不仅已经有了专门的讲堂和斋舍，而且总是具备藏书丰富的书楼，这样就可以保证教学、治学等正常学习的需要；在制度管理方面更加严格，制定了作为生活与学习准则的学规，同时还颁布了有关考试、图书借阅、经费等方面的管理制度；在行政管理方面也更加正规，设置了山长、讲书、堂长、斋长、管干等专门负责教学与行政管理的职事。这一系列专门化、正规化、制度化的教学设施、管理制度，保证了书院的组织化和规范性，为书院的学术研究、人才培养创造了有益的条件。

由此可见，书院体现了儒家士大夫继往开来的创造性精神，一方面它继承了中国古代私学的优良传统，另一方面又发展出许多新的办学特点。由于书院已经将中国传统教育发展到一个高级阶段，因此促进了中国文化的蓬勃发展。宋、元、明、清学术文化思潮迭起，无不与书院这种独特文化教育机构有着密不可分的内在联系。

宋、元、明、清以来，那些抱着"人能弘道"志向的儒家士大夫，为了追求独立的学术思考、自由讲学纷纷创办书院，如元初的宋代遗民、明中叶的王湛心学、明末的东林学派、清代的乾嘉学子等。书院不仅是他们探讨学术、自由讲学的地方，也是他们安身立命之所。同样，那些要标榜崇儒重道、以教为本的君主，也总是十分重视和支持书院。如宋代皇帝的赐书赐额、元代朝廷的修复书院、清代官方的拨款，均成为他们崇儒重道的一项重要举措。

即使到了近现代，书院仍然被看作是儒家学术文化、人文教育的象征。一些有志于复兴儒学或中国文化的学者，仍将创办书院作为其重要举措。20世纪30年代梁漱溟、熊十力创勉仁书院，50年代钱穆创新亚书院，80年代许多教授在北京创办中国文化书院，均说明书院仍具有儒学、中国传统文化的象征意义。

书院从产生到发展兴盛再到最后随着封建社会的解体而销声匿迹，可以肯定地说它是我国教育事业的一缕清风，在教育中表现出的闪光之处依然值得我们借鉴。那么是哪些原因促使学院在封建社会严格的政治制度和等级制度中兴起又得到不断发展的呢？粗略概括有以下原因：

1. 政治腐败，官学不兴

唐朝末年整个社会局势动荡不安，朝廷已经无力举办官学，学生纷纷失学，一些有识之士，只好召集这些失学学生选择一处清净之地进行教学和学习。如欧阳修所说："五代之乱极矣，干戈兴，学校废而礼义衰。"在这种情况下，私学得到发展，书院开始建立。如北宋著名的嵩阳书院、白鹿洞书院、石鼓书院等都是在那时创建的。

2. 受佛教禅林的影响

佛教至汉末传入我国之后，在魏晋隋唐时期兴盛起来，佛教信徒往往会在名胜之地建立禅林作为他们修道讲习的场所。书院刚刚兴起时，由于办学经费、师资等问题也学习这种做法。例如，白鹿洞书院在庐山五老峰，而石鼓书院和嵩阳书院分别在回雁峰和太室山，都在依山傍林的风景秀美之地。书院讲学制度受到禅林公开讲经、注重修养的讲学制度的影响，如书院设山长、洞主，与禅林设长老、住持是相似的，而书院制定的学规、学约等多仿效佛教清规戒律。

3. 官学入学困难

封建社会因其严格的封建等级制度，为数不多的几所官学因路途遥远，且入学门槛较高使得学生入学困难。许多无法进入官学而求学愿望强烈的学生纷纷选择书院作为其求学之地。书院因其办学的灵活性、自由性得到更多学子的青睐。这种偏爱无形中推动了书院的进一步发展。

另外，朝廷鼓励民间办学，印刷术的应用等也是促使书院繁荣发展的重要原因。

三、书院的特点

1. 书院融藏书、教学和研究为一体

最早的书院是官方藏书、校书的场所，后来随着社会环境的变化，教学成为其最重要的功能，但是其藏书的功能始终未变。在宋朝初年，朝廷曾频频赐书于各大书院，以扩充各大书院的藏书量。南宋的书院也重视藏书，朱熹重修白鹿洞书院时，就曾上书请朝廷赐以国子监版本的《九经注疏》。乾隆元年礼部复准："各省会城，设有书院，亦一省人才聚集之地，宜多贮书籍，于造就之道有裨。令各督抚动用存公银两购买十三经二十一史发教官接管收贮，令士子熟习讲贯。"当时的书院为吸引更多学生前来学习，一方面延请大师鸿儒坐而讲学，另一方面主要通过丰富的藏书量吸引学生。

书院最重要的职能还是聚徒讲学，虽然这种讲学没有统一的安排和计划，但正因为这种灵活的讲学方式，使得各书院有着自己的学术观点和主体思想，从而开创了各书院百家争鸣、百花齐放的局面，这也是继春秋战国之后我国第二个学术思想的高度繁荣期。

儒家士大夫的人文精神是靠"道"来支撑的，孔子就曾提出"士志于道"。然而，对于成千上万的儒家士人来说，"道"往往体现出儒家人文精神的二重性，它既可以表现出儒家士人对现实社会的关怀，又可以表达出他们对超越境界的向往，书院作为儒家之道的象征、儒家士人的精神家园，就鲜明地体现出儒家人文精神的二重性。

一方面，儒家士人总是把书院看成是独立研究学问的安身立命之所。

书院从萌芽之日起，就和士人"独善其身"的生活道路联系在一起。创建书院的目的之一是超凡脱俗的精神追求，体现了儒家人文精神的超越性。因此，书院创建者总是把书院建在僻静优美的名胜之地，白鹿洞书院在江西庐山五老峰下，岳麓书院在湖南长沙岳麓山下，嵩阳书院在河南嵩山脚下，石鼓书院在湖南衡阳石鼓山回雁峰下。士人不仅注重对书院的外部自然环境的选择，还十分注重书院内部环境的建设。他们总是在书院建筑群周围种植竹、桂、松、梅、兰等植物，并参差配置亭、台和小桥流水，构成"虽有人作，宛自天开"的园林。他们把置身宁静闲适的大自然、寄情山水作为自己的生活理想。自然恬淡的心境和宁静幽美的山水悠然合一，这体现了儒家之道的超越性的一面。

另一方面，士人们又把书院看成是晋身官场、踏入仕途的阶梯，通过创办书院讲学，他们标榜"求道""传道"，完全是与"兼善天下"的治平之路联系在一起的。因此，士大夫创建书院又有世俗的人文精神。儒家的"道"本来就是和世俗的社会政治秩序联系在一起的，这一切又会反映在书院建筑之中。一般而言，每一所书院都是包括讲堂、斋舍、书楼、祠堂在内的建筑群，这个建筑群的总体格局都遵循纲常礼教的严谨秩序，那贯穿于全院的中轴线，每个殿堂厅房所居的位置，每一建筑体的装饰等，都必须服从于纲常礼教秩序，使书院师生置身于一种浓重的政治伦常的观念和秩序之中。这一切，正是儒家之道的世俗性的一面。

2. 书院具有独特的文化功能

书院是中国历史上一种独具特色的文化教育组织，它承担着两项重要的文化功能：传播文化与创造文化。前者主要指教育人才，后者主要指发展学术。书院的藏书、祭祀等其他功能，则均是为这两项功能服务的。

书院是中国古代的教育中心，它在长期办学过程中，弘扬了儒家优秀的教育传统，逐渐形成了教学方面的显著特色。历朝许许多多名儒大师主持书院，在书院发展出自由讲学的风气，并且实施了诸如启发式教学、课堂讨论、会讲论辩、身心体悟、自学读书等教学形式和教学方法，故而能培养出大量的人才。朱熹创办并主持了白鹿洞书院、武夷书院等，从事书院教育50多年，培养出弟子达数百人之多，他们活跃于南宋的政治、思想和教育各个领域。岳麓书院大门挂有"惟楚有材，于斯为盛"的对联，就因为它在近千年的办学历程中，培养出了数不尽的著名历史人物。仅在清朝，就有魏源、陶澍、曾国藩、左宗棠、胡林翼、郭嵩焘、唐才常等受教于此。宋元明清的历代学子文人、名臣良将，大多与书院有着密切的联系。

书院是中国古代的学术文化中心。古代那些著名的书院，均是由学术大师、名儒修持。加之自由讲学精神的弘扬，使得书院的教育活动与学术研究连为一体、互相促进，发展成为新的思潮、学派的学术基地。如宋代理学思潮兴起，那些理学家纷纷创办书院讲学，并以书院为基地形成学派。这样，书院和学派之间建立了稳定的联系，如濂学与濂溪书堂，洛学与伊皋书院，闽学与武夷、考亭诸书院，湖湘学与岳麓书院，象山学与象山书院，婺学与丽泽书院等。明代心学思潮兴起，两大心学学派即王学、湛学亦分别创建书院，又再次形成以书院为学派基地的格局。明清之际的实学思潮亦借助书院推动学术思想、学派的发展。东林学派与东林书院、颜李学派与漳南书院，也体现出这种学术、学派与书院的密切联系。清代乾嘉汉学，许多著名的汉学家亦纷纷以书院为基地研究汉学，著名的诂经精舍、学海堂，就是汉学家阮元的学术基地，它们推动了汉学思潮的发展。

3. 书院教学方式多样

为了防止官学流为科举附庸，理学家们为书院提出了新的教育宗旨，即要求恢复先秦儒家教育的传统，以道德修身为书院教育的目的。朱熹在《白鹿洞书院揭示》提出："熹窃观古昔圣贤所以教人为学之意，莫非使之讲明义理，以修其身，然后推以及人，非徒欲其务记览、为词章，以钓声名取利禄而已也。"他认为书院的教育目的不是获取个人的名利，而是进行义理教育、人格培养。宋、元、明、清以来，书院教育也受到科举制度的影响，但是，许多书院的主教者总是既要求士子们以德业为学习目的，又主张学习科举之学，而且，他们总是把人格培养置于首位。如湛若水为大科书院所订学规，就主张既重品德修养，又不排斥科举之学。他认为求科举本身有义利之别，那种"徒事记诵为举业之资"者为利，而那种"读书以明心性""随处体认天理"者则为义。这实际上仍然要求保持书院教育的独特宗旨。

宋代书院教学方式多样，除我们平时熟知的演讲式教学方法外，还包括讨论式、启发式、顿悟式等教学方法。其中较为重要的是启发式和顿悟式，通过为学生提供一定的学习素材，让学生在阅读与讨论的基础上产生自己的观点，教师鼓励学生阐述自己的观点并对其他观点提出疑问。朱熹曾说："读书无疑者，须教有疑，有疑者却要无疑，到这里方是长进。"

正因为书院对学生的自学要求较高，因此所有讲学大师对所讲主题与观点都会点到为止，剩下的由学生自行参悟，当不同学生对知识内容有不同理解时，教师根据不同情况给予单独指导，这就是我们现在提倡的因材施教、因势利导。

4. 书院重视创新

中国古代学校的主要教学内容是儒家经典，无论是官学，还是书院，在这一点上并无多少区别。但是，书院教育不直接受制于官府，主持书院的学者们可以按照自己对儒家经典的独特理解，阐发自己的学术思想。理学家在学术上的一个重要特点，就是打破了汉唐经师对儒家经典的垄断，敢于重新对儒经做一番新的解释，终于使中国儒学发展到一个新的阶段——理学阶段。理学家也和汉唐诸儒一样，重视儒家经典的研究，因而书院教学也以儒家经典为主要教材。但是，理学各学派对经典的理解和发表也不同，如朱熹为了发表自己的学术见解，甚至敢于对《大学》做出补辑。这都反映书院重学术创见的特点。明中叶以后，以书院为基地而形成新的学术思潮，王守仁及其弟子大胆地批判了程朱理学，指斥它"言之太详，析之太精"，从而使学者再度形成"记诵辞意"的恶习。他提出了"心即理""致良知"的学术宗旨，并以此观点对《大学》中的"格物致知"重新解释。书院这种重视学术创见的学风，导致明代心学思潮的兴起。

书院的"开门办学"有双重含义：一是就讲学的教师而言，指不同学术观点和不同学派的学者，可以在同一书院讲学；二是就听讲的学生而言，他们来去自由，不受限制。书院基本上是一种私学，它的师生进出并不直接受控于官府。所以，书院学风不同于官学的显著特点在于，它允许不同学派的学者相互讲学，往往使书院能形成"百家争鸣"的学术氛围。在南宋时期岳麓书院成为湖湘学派、闽学学派、永嘉学派等不同学派的讲学场所。白鹿洞书院也是如此，南宋淳熙八年（1181）朱熹主持白鹿洞书院，他却邀请心学学派大师陆九渊来院讲学，两个长期争辩的学派同在白鹿洞书院讲台上讲学，充分反映了书院具有开放办学的学风特点。宋明时期，书院形成了一整套"会讲"和"讲会"的制度，是这种开门办学的学风得到发展并形成制度化的结果。上述开门办学的学风，成为书院学风的显著特色，这对汲取各家各派的学术之长，促进人才的培养和学术事业繁荣，都有很大的好处。

书院的讲学主要包括两种形式，大师亲自举办的学术传授式讲学和大师、学生共同举办的以讨论为主的讲会。无论哪种形式，"自由"是其最重要的前提。各书院虽有其主体思想，但是不排斥其他思想流派，因此各书院的大师经常被邀请到其他书院讲授其学术观点。而各书院的学生也可随意到其他书院听课。这种自由的学术气氛对书院思想的兴盛及当时的文化发展都起到了极大的推动作用。

5. 书院建立了新型的师生关系

中国自古以来就有尊师重教的优良传统，但魏晋时期师道一度衰落，到宋代书院大盛时期，书院讲师一方面是鸿学宿儒，另一方面是孜孜不倦的教师，因此他们都具备高尚的道德水准。在教学与生活中，他们以身作则，对学生循循善诱、悉心指导的同时严格要求，注重学生良好道德的培养。教师的这些努力使得学生对教师有着发自内心的尊重与崇拜。因此书院的学生不论资质平庸还是身居高位都不忘书院教师的培养，那时师生关系用"一日为师，终身为父"来形容有过之而无不及。

书院生徒本来就是择师而从的，他们之所以愿来书院学习，往往是因为仰慕导师的学问道德，因而对导师十分尊崇。加之在书院学习期间，师生总是同聚一堂，天天生活、学习在一起，更增加了师生之间的感情。当然，书院生徒虽然在学术上尊师，但并不是死守师说。尽管他们重视阐扬老师的学说，但也敢于修正甚至批判老师的学说。张栻在湘潭碧泉书院从学胡宏，得湖湘学统，但他在以后的讲学中，又开始修正了老师学说中的一些思想命题。清代学者戴震的门人段玉裁、王念孙、王引之等人，也不完全苟同于师说，而注重创新发展，把"尊师"和"崇道"结合了起来，即在崇道的基础上尊师。

书院的导师十分爱护学生，他们在书院孜孜不倦地教育学生、培养学生。陆九渊在象山精舍讲学时，深受生徒们的欢迎，其原因在于他关心学生，和学生心心相连，学生认为他"深知学者心病之微，言中其情，或至汗下"（《陆九渊集·行状》）。书院导师对学生的关心，不仅体现在他们热心传授知识给学生，而且体现在他们更注重培养学生的道德人格。他们总是在日常生活和学习中，无微不至地培养和教育学生。

四、讲会制度

讲会制度是书院内部和各学术派别之间进行学术交流的一种教学方式和学术活动形式。这种学术性质的讲学活动，目的在于通过相互探讨争辩，或发表一个学派的精义，把本学派的学旨发表得更加深入细致，或辨析不同学派之间不同的学术主张，以便于兼取诸家之长，相互促进。书院主持人主讲时，每讲一题，一般都讲授其研究心得和研究成果，生徒边听边讲，边质疑问难，师生互相切磋交流，将教学与研究合二为一。书院还聘请不同学术派别的名师讲学，为不同学派争鸣辩论搭建了广阔的平台。通过讲会，使得书院门户得以开放，百家得以争鸣。同时，师生共同听讲，开展辩论，探讨不同学派之异同，促进了学术学派的形成和发展以及社会文化的传播。

书院的"讲会"制度始于南宋。朱熹复兴白鹿洞书院后，淳熙八年（1181）邀请陆九渊到白鹿洞书院讲"君子喻以义，小人喻以利"一章。这个问题，朱、陆的学术观点不同，但朱熹并不囿于一己之见，不但邀请了陆九渊前来讲学，而且对陆九渊主张士子不要做追求"官资崇卑、禄廪厚薄"，唯利是图的小人，而做一个"专志乎义""供其职，勤其事，心乎国，心乎民，而不为身计"的"君子"的观点赞赏不已，并把陆九渊所讲的内容写成讲义，刻在石碑上，还认真写了跋语。这不仅可见书院大师们的"德行道艺之实"，而且为不同学派在书院讲学树立了典范，开创了不同学派在书院讲会的先河。自此以后，讲会成为书院一项重要的学术活动，并成为书院区别于学校的重要标志。

明代讲会制度受到学者的大力推行，遍及全国。明代洛阳名儒孟化鲤、吕维祺等16人躬行实践，在洛阳一带大兴讲会。学生来源于全国各地，其规模庞大，成员众多，学术交流频繁，使洛阳文人云拥川至，学术气氛浓厚，成为王学北移的两大重镇之一和学术传播的重地。明代洛阳地区的讲会，上溯洙泗，中衍伊洛，近护良知之学，在中国文化史上具有不可替代的作用。书院的讲会活动一直持续到清代。

是否参加不同学派的讲会，以及在讲会时对待不同学派的学术态度，很能体现书院大师们的治学与做人的胸襟。事功派的吕祖谦，家传中原文献之学，不赞同心学，但对传心学的杨简、袁燮的传人童居易的讲会也去参加，而且也不一笔抹杀杨简，可见其既有自信，又不轻看他家。前面所提到的朱熹邀请陆九渊等，书院中众多大师在参加讲会讨论时，都虚怀若谷、实事求是，既不抬高自己，又不贬低别人，真正做到不拘囿于一家之见，胸怀宽阔，兼容并蓄，博采众长。书院开创的讲会制度，丰富了教学形式，活跃了学术气氛，开阔了学术视野，提高了学术水平，培养了为人之道，升华了做人德操，继承和发扬了中国古代优秀的文化教育传统，在我国乃至世界文化史上都堪称创举和奇葩。特别是对我国当代高校中普遍存在的因地域之限、学术之别而造成的学科孤立和死板的教学方式引起的学术气氛沉闷状态，具有重大的启发意义。

五、古代私学的主要贡献

古代私学教育在长期发展中，积累了丰富的经验，对古代教育理论和教育实践做出了重要贡献。

第一，在官学制度未建立之前，私学教育承担了几乎全部的教育任务，使中国古代教育从未中断，而且有相当大的发展。自秦代焚书、秦末战乱、汉初无为而治前后近百年，私学教育从未停顿。古代的文化典籍、科学知识主要通过私学教育得以保存和传播。参与汉代政治、经济、文化建设的人才，也大都是私人教学锻炼和培养出来的。

在官学制度建立之后，私学教育成为官学教育的重要补充，继续承担着繁重的教育任务。私学生徒数倍于太学生。地方官学发展迟缓，郡内不过一校或数校。地方私学更远远超过地方官学。官学系统中几乎全无启蒙教育，蒙童教育则几乎全由私学或家学承担。书馆的书师是一批相当庞大的教育大军，担负了数十万儿童的教育大任。成千上万私学教育家和教师对中国古代文化教育发展做出的贡献是巨大的，不可磨灭的。

第二，私学教育促进了不同学派的发展。秦代专尚法律，焚书坑儒，以法为教，法家之外的学术成就，在禁私学的禁令中继续得到传播和发展，主要是通过私学。秦末战乱，私学犹存，讲诵弦歌之声不辍。汉初尚黄老之学，官学未立，各种学术流派都以私学方式传播。汉武帝独尊儒术，立五经博士，后置太学。黄老道法、阴阳纵横以至杂家仍以私学讲授。古今经学之争起，今文经学常居主导地位，古文经学常以私学讲授，不断展开斗争，各自发挥了自己的特长，最后促进了两大学派的相互吸收和融合。正是由于古今文经学的反复斗争，私学与官学不断争夺，两大学派互相取长补短，在一定程度上避免或克服了各自的片面性。相对而言，官学笃守师法、家法之风盛甚，私学教育却较少受此限制，许多私学大师兼通古今经学，表明私学教育具有更多的灵活性和应变能力。

第三，私学教育积累了丰富的教育教学经验，许多经验在官学中应用、推广。

首先，私学教育创造并积累了蒙学教育的经验，尤其是识字、习字教学的经验。识字教学是一项繁重的任务。汉代字书已有多种，他们将汉字按应用范围，分为若干类，有的按偏旁部首归类编写，易读易记，方便教学。汉代字书相对稳定，又随之增删完善，在启蒙教育方面取得了良好的效果。

其次，找到了巩固识字成果，并向高层次过渡的桥梁。汉代私学在集中识字、写字之后，马上进入诵读阶段，选择文字通畅、争议较少、切合实用的典籍，如《论语》《孝经》，令其诵读，不求深究，只要略通大义，粗知文义即可，使之、乎、者、也顺口而出，使书上文句如出己口，这方面的经验也为后世所汲取。最后，还有专经研习的经验。私学大师讲授，各以自己所长教授弟子，不仅教经典本身，而且讲授研习方法和心得，提倡质疑问难，这些经验为后世书院教学的张本。私学大师讲学，弟子众多，遂创立了传以久次相授业，高业弟子转相传授的经验，创造了及门弟子和著录弟子的经验，这些都为当时的太学所采用。在当时的条件下，这种方式扩大了授徒名额，满足了诸生求学的需要，在一定程度上调动了学生的积极性，增加了实际锻炼的机会。

第四，私学教育重视学风和气节的训练和培养。汉代学风特别重视认真刻苦钻研经典，力求精通章句，并注意实用。这种学风在私学教育中尤为突出。私学教育极重士气节操培养，特别是当政治腐败，朝野风气衰敝时，大批耿直之士不愿同流合污，他们崇尚气节，隐身私学展开斗争。不少人不畏强权，不慕禄位，不惜生命的气节，带动或影响了一代士风。这也是私学教育的重要优良传统，在后世书院教学中得到进一步发扬。

第四节　古代家庭教育

家庭教育，即在家庭中实施的教育，通常多指父母或其他年长者对子孙晚辈进行的教育，同时也指家庭成员之间的相互影响。中国古代家庭教育源远流长，自古以来就是一种教育形式，对推动中国古代社会家庭的巩固与发展，促进古代各类学校的产生与进步，形成民族文化传统和家庭道德观念，乃至对于国家政治、社会稳定、生产生活等各方面，都有着深刻而久远的影响。

一、中国古代社会对家庭教育重视的原因

1. 政治基础——孩子是未来的劳动力和兵源

中国古代社会及家庭对孩子的重视，从文字记载上看，约始于春秋战国时期。当时，周天子一统天下的局面已被打破，各诸侯国互相吞并，而争雄称霸的主要条件是实行"耕战政策"，富国强兵。此时劳动力和兵源就成为国家兴衰的重要问题，对孩子的重视即表现为"慈幼"思想，以及

对其进行教育。

另外，中国古代的官学的存在和发展都与社会政治关系紧密相连。王朝频繁更迭、社会动荡，使官学处于不稳定状态，"天子失官，学在四夷"的状况普遍存在。与其相比，家庭教育更为稳定，其不拘泥于场地，教育方式机动灵活，执教与受教者的亲属关系保证了双方长期紧密的联系。

2. 文化基础——视"齐家"为治国的根本之道

《周易·家人》这一卦的卦辞中较早提到了家教在治国的作用，其中提到"教先从家始""正家而天下定矣"。《大学》中有云："身修而后家齐，家齐而后国治，国治而后天下平。"在家天下的中国古代社会，齐家既是修身的目标，又是治国的基础，是中国古代家庭教育的根本追求。因此，确立了中国古代家庭教育与封建社会阶级统治相辅相成、不可分割的关系。

3. 经济基础——家庭自然经济条件下的世袭家传

春秋战国之后，以家庭为单位、农业和家庭手工业相结合的自给自足式的家庭自然经济在古代中国一直占有主导地位。因此，特别是在科技、传统手工作坊之类的家庭中，家庭教育是一种家庭谋生手段的传递与继承。管子就曾指出"其父兄之教不肃而成，其子弟之学不劳而能"，因而得出结论："故士之子常为士""农之子常为农""工之子常为工""商之子常为商"。此结论虽过于绝对，却充分说明了古代家庭生产、生活方式对年轻一代的发展有极大的制约作用。

二、中国古代家庭教育的主要内容及方式方法

1. 古代家庭教育的主要内容

（1）以"孝悌"为核心的伦理道德教育

孔子曰："弟子入则孝，出则弟，谨而信，泛爱众而亲仁，行有余力，则以学文。"从中我们可以看出，强调德育为首位，以"孝悌"为核心，是我国古代家庭教育的一大特色。培养孝悌之德不仅成为"齐家"的需要，而且成为"国治"的基本素质要求。另外，遵从血缘宗法制度的积极意义是要继承家族传统振兴家门，因而孝悌之德的另一层含义便是要求晚辈自强自立，光宗耀祖。

（2）综合知识的灌输及学术技能的培养

关于这一点，主要是指蒙养教育与在此基础上的专经教育。所谓蒙养教育，即对子弟儿童时期的启蒙教育，包括吃饭、说话、缝补等生活技能，识字数数等基本知识，男女礼让等基本礼仪规范。其次就是进一步的专经教育，除传统经学教育外，还有很多世族家学内容，即我们前文所提到的世袭家传的技能。

（3）立身处事的教育

我国古代家庭教育历来重视对儿童的立志教育，认为立志是修身之基，是人行为的强大动力。在我国古代的家教历史中，诸多有眼光的家长还均对其子弟进行了以耕读为主的处事方式教育。从事耕读者，边读书，边种田，进可以应科举以出仕，光耀门庭；退可以力田以为生，抚保妻子；可出可伏，可显可隐，实在是一种最稳妥不过的处世方式了。实际上，更多的古代家长教子弟读书，倒不一定是为了做官，主要是为了做人。

2. 古代家庭教育的方式方法

（1）因材施教，循序渐进

由于人的资质禀性不尽相同，兴趣爱好相差甚远，因此要因其材而成全、造就人才。西楚霸王项羽就曾在其叔父指导下，学文不成改学武，终成一代帝王。如果不做区分，一律看待，势必会埋没人才。

循序渐进的教育方法很早就出现在我国，如西周时期，周代贵族家庭就有一套按儿童年龄安排教育的程序，《礼记·内则》就对此进行过介绍："六年，教之数与方名。七年，男女不同席，不共食。八年，出入门户及即席饮食，必后长者，始教之让。九年教之数目。十年，出就外傅，居宿于外，学书记。"

（2）以身作则，潜移默化

历代家庭教育重言教，但更重身教。老子所谓的"不言之教"，正是以自身的行为所进行的潜移默化的教育。颜之推在家庭教育中广泛使用了身教示范的方法，他认为家长的言行对孩子起着"潜移默化"的熏陶作用，子女大多是在活动中无意识地接受教育。

（3）训诫引导，慈严结合

凡善于教子弟者，并非只是一味地训诫，也很关注对子弟的循循善诱，在情感交融中明、训诫大义。孟母"断杼"，曾子"杀猪"，都是因势利导，诱使儿子勤学向善。训诫与引导相结合，恰恰反映了为家长者严与慈的一致。

当然，我国古代家庭中也不免会存在"棍棒底下出孝子"的思想。"凡怒子弟，小则骂，大则笞"，更有甚者，将宋濂在《元史·王冕传》中所谈到的"暮归，忘其牛……父怒挞之，已而复如初"视为一种家教典范。这是将大家长权威的训诫作用发挥到极致的产物，我们在当今社会不予以提倡。

3. 古代家庭教育的特点

我国古代家庭教育拥有许多特点，其中不乏积极的、先进的因素，值得我们借鉴；同时也存在一些落后的，为封建社会所特有的现象，需要我们在现代家庭教育中予以摒弃。

（1）重胎教和童蒙教育

《三字经·训诂》中就曾提到胎教问题，孕妇"目不视恶色，耳不听淫声，不出乱言，不食邪味，尝行忠孝友爱慈良之事，往往生子聪明，才智贤德过人"。朱熹也曾针对儿童的早期教育，力求符合其身心发展特点，制定了《童蒙须知》。

（2）重环境的作用

我国古代家庭教育中非常重视环境在儿童成长过程中的作用，如孟母三迁的故事就是生动的例证。颜之推也曾强调："与善人居，如入兰芷之室，久而自芳；与恶人居，如入鲍鱼之肆，久而自臭也。墨子悲于染丝，是之谓也。"

（3）重"惜时"教育

"少壮不努力，老大徒伤悲"，中国古代教育家重视对子女进行"惜时"教育，教导他们珍惜青春时光。

（4）有重男轻女的封建思想

男尊女卑的思想首先是封建宗法制度的产物，同时也与封建社会小农经济及男女在生产中的分工相联系。在当代教育中，我们一方面要摒弃这种传统封建思想，另一方面不要否认客观存在的男女差别。

（5）有抹杀儿童天性的倾向

家长只知道以长者的模式规范他们，灌输成人的思想，而不去了解和研究儿童。这一点也是我们当代教育工作者需要注意的问题。

此外，相对于其他民族和国家，我国古代的家庭教育也有其独特的一些性质。比如说，父母对子女教育的连贯性。西方世界，子女长大后父母便准其独立，对其一切不加干涉。而中国家庭则不然，只要父母或长辈健在，就要对子女负责到底。再有就是传承性。有些家族的家风、家教，甚至可以由先秦一直传到近代。这在世界文化史上也绝无仅有。

4. 中国古代家庭教育的意义

中国古代的家庭教育在作为学校和社会教育的辅助手段的过程中，培养出了大量的杰出人才，同时也传承了中国几千年的历史文明，是中国传统文化中绚丽的一页，其发展反映了中国古代文化的繁荣。同时随之形成的各家家训，作为家庭教育的基本文献形式，是我们祖先对家庭教育深入思考的智慧结晶。这几千年的家庭教育实践所积淀的丰富的家庭教育经验，形成的丰富理论，以及独特的教育方法和优良传统，直至今日，仍然闪烁着智慧的光芒，对中国现代家庭教育仍具有重要的借鉴意义。

同时，不可否认的是，我国古代的家庭教育，作为当时社会应运而生的教育形式，存在着不少为维护封建社会统治、强调血缘宗法制度的陈旧思想。但就其当时存在的年代，其进步性不可抹杀，因此我们应去其糟粕，取其精华。

第三章

中国古代教育家及教育思想

　　作为引领教师专业发展，引领学生健康成长，引领学校不断创造的学校决策者必定是有着先进乃至独特教育思想的人，尤其是在当今教育思潮不断涌起，教学方法层出不穷的时代背景下，更是期待越来越多的教育专家型的人才投身学校领导层中来，同样期待更多的教育管理专家不断从教育实践中涌现。真正的、一流的教育家应该是有开辟精神和创造精神的教育家。

　　我国著名教育家古代有老子、孔子、关尹、杨朱、墨子、列子、田骈、庄子、孟子、荀子、朱熹、王守仁、王夫之等；近代有何子渊、丘逢甲；现代有蔡元培、陶行知、厉麟似、竺可桢、徐特立等；古希腊的著名教育家有苏格拉底、柏拉图、亚里士多德等；近代西方的著名教育家有约翰·杜威、苏霍姆林斯基等。

　　有教育家必然有教育思想的产生。"教育"内含"教"与"育"两个方面。"教"的对象是知识，"育"的对象是价值。教育思想是指人们对人类特有的教育活动现象的一种理解和认识，这种理解和认识常常以某种方式加以组织并表达出来，其主旨是对教育实践产生影响。教育思想具有历史性、社会性、前瞻性、继承性等特征，有助于人们认清教育工作中的成绩和弊端，使教育工作更有起色。如陶行知先生的"生活教育"思想，聂圣哲先生的"养活教育"思想。

一般而言，教育思想的类型包括教育理论、教育学说、教育思潮、教育经验、教育信念、教育信条、教育建议、教育主张、教育言论、教育理想等。

本章代表性地选取，简述我国古代教育家及教育思想。

在我国悠久的历史上，古代著名的教育家灿若繁星。在不同时代，他们为社会发展培养了许许多多的人才。他们的教育思想，不仅影响着当时的社会发展和时代进步，而且影响着整个世界的繁荣和发展。在中华民族伟大复兴的今天，尤其具有指导和借鉴意义。

第一节 老子和他的自然教育思想

一、老子生平

老子（约前571—前471），姓李，名耳，字聃，春秋末期楚国苦县（今河南鹿邑县）人。曾做过东周王朝的史官（"守藏室史"），掌管图书。孔子曾向他问"礼"。后因王朝政乱，西出函谷关，应关令尹的要求，写下《道德经》五千余言，此后便不知去向。

由于时代环境和本人遭遇，老子早期思想和后期思想产生了比较大的变化。老子早期是精通周礼并崇信周礼的史官，罢官后，从现实生活中认识出周礼的虚伪性与剥削制度的不合理，从而产生无为而治的社会政治观。老子在周朝任职期间，周王朝奴隶主统治阶级与劳动人民之间的矛盾和统治阶级内部的残酷斗争，以及他本人曾两次因周王朝的政变而被罢官，对老子的政治思想都产生了直接或间接的影响。当时各诸侯国不停止的兼并战争，人民流离死亡，被迫起义反抗，统治阶级内部以虚伪的礼仪掩盖争权夺利的实际。目睹这一切的现实，引起老子对统治阶级的仇恨和对劳动人民的同情，从而一反统治阶级的文化与学术，提出他"小国寡民"的理想国的蓝图。在他设计的这个理想国里，人民过着安居乐业的生活。没有剥削和压迫，没有战争和掠夺，充满了平等、自由、淳朴、真诚的气氛。老子的这一小国寡民的理想国，就其无剥削无压迫的社会组织特点而言，与其说是站在奴隶主贵族阶级立场讲话，不如说是反映了广大劳动人民的利益。这和老子在周朝的职位属于下级官吏，而且两次罢官回乡，更接近农民的生活有一定的关系。

老子是中国古代伟大的思想家、哲学家、教育家、文学家和史学家，道家学派创始人和主要代表人物，被唐朝帝王追认为李姓始祖。老子乃世界文化名人，世界百位历史名人之一，今存世有《道德经》（又称《老子》），其作品的核心精华是朴素的辩证法，主张无为而治。老子对教育的贡献主要体现在他的自然教育观。

二、老子的教育目的

老子的"小国寡民"的理想政治怎样实现呢？一个国家总是必须有执政者来领导和管理。老子为他的理想国所期望的政治领导是什么样的人呢？在《老子》一书中有大量材料涉及如何当好一个执政者的问题。培养理想的执政者，就是老子的教育目的。理想的执政者在《老子》书中就是所谓"圣人"。"圣人"一词在《老子》全书81章中共出现31次。除有时指道德修养极高的人之外，大都指有权势的执政者（人君）。所以老子的教育目的就是培养能够按照自然之道的规律来治理国家的执政者。

老子对他的理想的执政者提出的基本要求是能够坚守并实行治国的"三宝"。他说："我有三宝，持而守之：一曰慈，二曰俭，三曰不敢为天下先，故能成器长。"（《老子》67章，以下引用《老子》只注章次），老子认为，"慈""俭"和"不敢为天下先"三者是治理国家的三大法宝，也就是他理想的执政者必须具备的三个条件。

第一个条件是"慈"。什么是"慈"？老子说："慈，故能勇。"这个勇当然不是勇于侵略，勇于争夺。因为老子是反对战争的。他说："天下有道，却走马以粪；天下无道，戎马生于郊。"就是说，国家政治走上轨道，把战马用来种田；国家政治不上轨道，连怀胎的母马也用来作战。老子认为战争是"天下无道"的现象。但是老子并不反对一切战争。他说："夫慈，以战则胜，以守则固。"（同上）就是说，慈爱，用来征战就能胜利，用来守卫就能巩固。因为执政者平时以慈爱对待人民，一旦需要战争，人民就会以极大的勇气投入战斗，正如孟子所谓"仁者无敌"（《孟子·梁惠王上》），两人的思想体系虽然不同，但在同情人民，反抗侵略的观点上是一致的。

老子所说的"慈"，其根本含义是"无为"。他说："爱民治国，能无为乎？"又说："是以圣人处无为之事（按照自然界无为的规律去办事），行不言之教（不要强做不合自然规律的法令、教训），万物作而不始（让万物兴起而不加倡导），生而不有（生养万物而不据为己有），为而不恃（作育万物而不自恃已能），成功而弗居（功业成就而不自我夸耀）。"老子的这些话是针对当时奴隶主和新兴地主阶级统治者所实行的烦琐政令而言的。老子认为，执政者只要能体现自然"无为"的精神，让人民自由发展，便是真正的慈爱。他说："我无为而民自化，我好静而民自正，我无事而民自富，我无欲而民自朴。"可见，老子所谓的慈，对执政者来说，含有以身作则的感化与模范作用。以上是老子从正面说明理想的执政者应当是"道"的体现者。老子还从反面对当时的残酷统治者提出警告："民不畏死，奈何以死惧之？"又说："民不畏威，则大威至。"人民不怕统治者的威胁，如果专靠恐怖手段，最后一定会招来更恐怖的报复。

理想的执政者必须具备的第二个条件就是"俭"。什么是"俭"？老子说："俭，故能广。"执政者节约财物，国家就富裕。老子批评当时的统治者增收赋税，加重人民负担。他说："民之饥，以其上食，税之多，是以饥。"老子指责当时过着骄奢淫逸生活的统治者为强盗头子。他说："朝甚除（朝政腐败至极），田甚芜（农田非常荒芜），仓甚虚（仓库十分空虚），服文采（穿着锦绣的衣服），带利剑（佩带锋利的宝剑），厌饮食（饱足精美的饮食），财货有余（占有多余的财富），是谓盗夸（这就叫作强盗头子），非道也哉！（多么的无道呀！）"老子把执政者的奢侈生活和腐败政治联系起来，是具有普遍规律性的认识。

老子对统治者骄奢淫逸的生活，曾极尽讽刺之能事。他说："五色令人目盲，五音令人耳聋，五味令人口爽（丰美的食品使人伤口味）。驰骋畋猎令人心发狂（纵情狩猎使人心发狂），"难得之货"令人行妨（稀有商品使人行为不轨），是以圣人为腹不为目（所以理想执政者但求安饱，不求纵情于声色之娱）。"这段话主要是对当时的执政者的腐朽生活而发生的讽刺与谴责。"五色""五音""五味""打猎""难得之货"，绝不是劳动人民能够有机会享受的。正是这些整天追逐淫乐与声色货利的统治者的糜烂生活，才造成"民之饥"。老子认为，理想的执政者，在生活上必须做到"俭"。而要做到生活上的"俭"，首先必须重视自我内在的精神生活，把外在自我的物质生活放在次要地位。

理想执政者的第三个条件是"不敢为天下先"，老子说："不敢为天下先，故能成器长。""不敢为天下先"即不强做违背客观实际情况而单凭主观意志办事，所以能成为天下的首长。这句话包含着不争、客观、无私等思想在内。

老子认为，当一个执政者，能做到不争或谦让，其结果自然会得到人民的爱戴。他说："是以圣人欲上民，必以言下之（要做人民的领导，必须心口一致地对他们谦下）；欲先民，必以身后之（要当人民的表率，必须把自己的利益放在他们的后面）。是以圣人处上而民不重（居上位统治，而人民不感到有负担）；处前而民不害（居人民之前领导，而人民不感到有妨碍）。是以天下乐推而不厌（因此，人民对他爱戴而不厌弃）。"

老子所说的"不敢为天下先"包含有大公无私的意思。他说："天地所以能长且久者，以其不自生，故能长生（因为天地的存在不是为它自己，所以天地才能长久）。是以圣人后其身而身先（所以圣人把自己放在后面，反而能赢得爱戴），外其身而身存（把自己置外，反而能得到自身的生存），非以其无私耶？故能成其私（这岂不是由于他能无私吗？所以成就他自己的理想生活）。"（7 章）老子用天地的运行不为自己来比喻对人（理想的执政者）的行为没有自私的念头。所谓"后其身""外其身"，就是不优先考虑自己的利害。这种大公无私的精神，对于有权势的领导者，是尤为重要的。

总之，老子把慈爱、节俭、谦让作为治理国家的三大法宝，并作为理想的执政者必备的条件而提出，其中虽然含有消极退让的思想因素，是应该否定的，但是其中反映劳动人民利益的慈爱、诚实、宽容、无私等思想因素，具有一定的进步性和积极意义。从培养国家领导干部问题的角度来看，老子的教育目的思想是可以批判继承的。

三、老子的自然教育思想

老子把"道"看作认识、追求、实现的总的教育目的，一切教育思想和活动都围绕它而展开。老子认为"道"的最本质的特征是"无为"，它包含着"无事""无欲"等方面的意义，因此，应教育人们最根本是做到"无为"，具体的要求是"无事"，顺其自然，反对进行人事干预；"无欲"，除去私心杂念。生长万物而不据为己有，成长万物而不自居有功。老子提出的自然教育思想，其本质和核心是：通过教育，用个人所掌握的道，即符合天"道"的道德，即政治上的无私、无为，思想修养上的谦虚谨慎、庄重严肃、活泼自由、淳厚朴实、宽宏开阔与和平，去辅助万物的自然发展，而不要主观妄为，违反天道。他常把水比作道德的最高标志，水滋养万物而不争，水本性柔弱，水停留在卑下的地下，别人不愿去的地方，水愿意去，别人不愿意去做的事，水愿意做，坚韧负重，居卑忍辱，水能尽其所能地贡献自己的力量去帮助别人，但不和别人争功争名争利，教育培养的人，应具备水那样的道德。

所谓"不争"，就是"不自见""不自是""不自伐""不自恃"。《老子》说，不自我表现，反能显露；不自以为是，反能彰扬；不自我夸耀，反而容易让人承认其功劳；不自我矜持，反能长进。老子把"不敢为天下先"看作是人生的一个宝贵原则，不敢居于天下人的前面，即是"谦让""不争"的思想。

所谓"知足"，就是知道满足才不致遭受侮辱；时刻适可而止，才能避免遭到挫败。这样才能使自己生存长久。老子强调教育要顺其自然，反对恣情纵欲，把多欲看成是罪恶的根源，要求"少私寡欲"，希望人人知足，克己自修。在老子看来，罪孽没有比纵欲更大，祸患没有比不知满足更大，过失没有比贪欲更重。老子认识到事物总是向其反面转化的，认为过分爱名就必定要付出重大的耗费，过分储藏必定会造成重大的损失。

所谓"贵柔"，就是经常保持"柔"的状态，只有保持"柔"，则永远会充满活力，生机盎然。老子认为凡柔弱的东西是属于生长一类的，凡坚强的东西是属于死亡一类的，柔是能胜过刚的，"柔之胜刚，弱之胜强"。反之，如果一个人盛气凌人，锋芒毕露，宁折不屈，则容易招灾惹祸。因此老子劝导人们"金玉满堂"没有人守得住；富贵而骄是自取祸患，只有功成身退才合于自然的道理。甚至认为"强梁者不得其死"（强暴的人不得好死），使人们认识到不逞强不称霸的重要意义。

老子认为自然教育是由量的积累引起质的变化："合抱之木，生于毫末；九层之台，起于累土；千里之行，始于足下。"合抱的树木，是从细小的萌芽生长起来的；九层的高台，是从一堆泥土建筑起来的；千里的远行，是从脚下举步开始走出来的。

老子说："故善人者，不善人之师；不善人者，善人之资。不贵其师，不爱其资，虽智大迷，是谓要妙。"意思是说，所以善人可以作为不善人的老师，不善人可以作为善人的借镜。不尊敬他的老师，不珍惜他的借镜，虽然自以为聪明，其实是大迷糊。这真是个精要玄妙的道理，"资"有凭借、取资之，这里有借镜、反面教员之意。这也是现代教育学上常用的"师资"一词的最早的来源。这段话实际上是对于"自然无为"思想的引申，表达了有道者的心怀，对于善人和不善人，都能一律加以善待，特别是对于不善的人，并不因不善而鄙弃他，一方面要劝勉他，诱导他，帮助他，另一方面也可以给善人做一个借镜，从反面得到宝贵的经验教训，作为正面教育的一个重要补充，这也是老子的自然教育的重要思想。

老子说："知人者智，自知者明。胜人者有力，自胜者强。"认识别人的是智，认识自己的才是明。战胜别人的叫有力，克服自己的弱点才算强。在老子看来，知人、胜人固然重要，但自知、自胜尤为重要。一个能自知、自胜的人，要不断反省自己、坚定自己、克服自己，并且矢志力行，这样才能进一步地发展他的精神生命与思想生命，才能成为一个真正的强者。隋代思想家王通在《中说》中说："自知者英，自胜者雄。"这显然是从《道德经》中吸取的意义，是老子思想的运用与发挥，认为勇力不算勇，勇于义才算勇。一个英雄人物在于有自知之明，认识自己，恰当估计自己并努力战胜自己的弱点与不足，超越自我者才是英雄。这也是老子自然教育思想培育的真正人才。

老子说："圣人不积，既以为人已愈有，既以与人已愈多。"意思是说，圣人不私自积藏，他尽量帮助别人，自己反而更丰富。英国哲学家罗素很佩服老子这种"为而不有"的思想，说老子提倡创造的冲动，故老子的哲学是最高尚、最有益的哲学。"为人""与人"是一种伟大的爱的表现。圣人的伟大，就在于他不断帮助别人，而不私自占有。老子深深地感到世界的纷乱复杂，起于人类的相争——争名、争利、争功，无一处不在伸展自私的欲望，无一处不在竞逐争夺，为了消除人类社会的纠结，乃提出了"为而不争"的思想。老子的"为而不争"的思想，并不是一种自我放弃，也并不是一种消沉颓唐，他要人去"为"，"为"是顺着自然的情况去发挥人类的努力，人类努力所得来的成果，却不必擅据为己有。这种贡献他人——"为人""与人""利万物"而不和人争夺功名的精神，亦是一种伟大的道德行为，亦是老子自然教育思想的精华。

第二节　孔子和他的"四教"观

一、孔子生平

孔子（前551—前479），名丘，字仲尼，春秋末期鲁国陬邑（今山东曲阜市东南）人。春秋末期著名的思想家、教育家、哲学家，儒家学派创始人。先世为宋国贵族，后没落。春秋时期是奴隶制向封建制过渡的历史时期，官学衰废，鲁国成为文化的中心和私学的发祥地。

孔子少时"贫且贱"，年15岁立志求学，通过私人传授，博习诗书礼乐。年轻时曾在鲁国执政大夫季氏门下任管牛羊、仓库的小吏。约30岁，在曲阜城北设学舍，开始私人讲学。颜渊、曾点、子路等是最早的弟子。50岁任鲁国中都宰，继升司寇，不久去职，率弟子游历宋、卫、陈、蔡、齐、楚等国。志欲改良时政，复兴周礼，尝说"如有用我者，吾其为东周乎"（《论语·阳货》），然终不见用。在外14年，68岁重返鲁国，政治上仍不得志，乃专力从事讲学和著述，直到逝世，弟子达3000人，身通六艺者70余人。孔子是中国第一个创办大规模私学的教育家。死后葬曲阜城外，弟子们在墓旁守丧三年，分别时痛哭失声。子贡不忍离去，又独自留居三年，称颂："夫子之不可及也，犹天之不可阶而升也。"（《子张》）

孔子在当时已有"圣人"之称，自西汉罢黜百家，独尊儒术，经过孔子整理传授的儒家经典——五经，被定为必读的教科书，儒家学说由此成为中国封建文化的核心，对整个封建时代的政治生活和精神生活起着指导作用，从积极方面和消极方面都给中国文化教育的发展以极其深刻的影响。

二、孔子的教育目的和教育对象

孔子主张"为政以德"（《为政》），认为法治具有强制性，只能约束人们的外部行为；德治具有感化力，才能影响人们的心灵，又鉴于贵族道德的败坏和贵族世袭制度的腐朽，主张举用"贤才"，吸收平民中的"士"参与政治。还认为人才不能依靠自然成长，必须经由教育培养，故提倡"学而优则仕"（《子张》）。为此而创办私学，以造就改良政治需要的"贤才"。孔子称"贤才"为"君子"（"士"或"成人"），规定"君子道者三"，"智者不惑，仁者不忧，勇者不惧"（《子罕》）。他说："政者正也"（《颜渊》），"其身正，不令而行；其身不正，虽令不从"（《子路》）。所以要求"君子"首先必须是道德完善的人，能以身作则；把"修己以安百姓"作为最高的政治理想和教育的根本出发点。孔子最早探讨了人性的问题，认为人的天赋素质是相近的，个性差异是后天习染造成的（"性相近也，习相远也"），只要获得良好的学习条件，加上主观的努力，都可以养成"君子"的品德。以这种人性观为依据，主张"有教无类"（《卫灵公》），除奴隶以外，不分贫富、贵贱、贤愚、种族和地区，任何人都可以入学。

孔子弟子，据《史记·仲尼弟子列传》载有姓名者77人，一部分有事迹可考。他们来自鲁、齐、卫、晋、宋、陈、秦、楚等国，以鲁人为最多，大都出身贫贱，唯子贡"家累千金"，但也不是来自贵族，而是新起的大商人。真正属于贵族的有南宫敬叔、司马牛等少数几人。可见孔子的弟子群，主要是由平民组成。教育对象由贵族推广到平民，使贵族垄断的文化与平民结合，学校冲破了宫廷的藩篱，与社会发生广泛联系，扩大了人才的来源，从而推动了已经开始的文化下移运动，促进私学进一步发展，为战国诸子蜂起，百家争鸣开辟了道路。这在中国教育发展史上具有划时代的意义。孔子是中国古代伦理学和道德教育理论的奠基者。他的学说以"仁"为核心和最高道德标准。"仁"字在《论语》中出现 109 次之多。孔子从不同的角度阐述"仁"的含义，归纳起来，不外乎"克己"与"爱人"两个方面，而以"礼"为准则。"克己"即以礼约身，"非礼勿视，非礼勿听，非礼勿言，非礼勿动"（《颜渊》）。其根本要求是在财富占有上遵守周礼的等级规定，克制过分的欲望。孔子提出了道德评价的原则问题，即义利之辨。说："君子喻于义，小人喻于利。"（《里仁》）主张一个人要有理想，有抱负，努力提高精神境界，而不要过分地追求个人的物质欲望；认为正是物质欲望的膨胀造成道德的堕落。因此他说："士志于道而耻恶衣恶食者，未足与议也。"（《里仁》）孔子自谓吃粗粮，喝冷水，曲肱而枕，从这样清苦的生活中却获得了精神上的愉快。他称赞"贤哉回也"，就因为："一箪食，一瓢饮，在陋巷，人不堪其忧，回也不改其乐。"（《雍也》）他认为从利己之心出发，必将引起人我之间的矛盾，社会上的一切冲突即由此而起。为了从动机上防微杜渐，他很少讲"利"，在道德领域内，对"利"做了全盘否定。"爱人"的基本要求是设身处地为他人着想：一方面，自己不愿意别人怎样对待我，我也不如此对待别人；另一方面，自己希望达到的，也帮助别人去达到。这叫作"忠恕之道"（朱熹注："尽己之谓忠，推己及人之谓恕"）。孔子讲的"爱人"有两个特点：①以孝悌为本。这是出于巩固氏族血缘关系的需要。"孝"属于亲子之爱，反映纵的血缘关系；"悌"属于兄弟之爱，反映横的血缘关系。这一纵一横的关系的交织和延伸，便构成极其细密的宗法制度的图谱。奴隶主贵族的一切道德准则——亲亲、尊尊、长长、男女有别等，都是孝悌的引申和扩大。孔子继承商周伦理思想的传统，特别重视孝道，因而坚持"三年之丧"，认定"君子笃于亲，则民兴于仁"（《泰伯》）。宰予提议改三年丧期为一年，受到孔子严厉的斥责。②爱有差等。孔子说："夫礼，天子爱天下，诸侯爱境内，大夫爱官职，士爱其家，过其所爱曰侵。"（《韩非子·外储说右上》）爱人要受等级名分的制约，不能逾越；超越等级名分的"爱"，在道德评价上就走向了反面，变成侵犯他人利益的行为。墨家因此批评孔子讲的"仁"是"体爱"，只爱一部分人，不同于墨子的"兼爱"，爱全社会的人（《墨子·经上》"仁，体爱也"；"体，分于兼也"）。这个批评是有一定根据的，但有片面性，他们没有看到孔子也怀着普遍地调整人与人之间的关系的愿望，他提倡的"爱人"，在坚持"差等"的前提下，也要求推及于全社会，即不仅在贵族、平民中讲礼让，也要适当地为劳动人民着想，减轻刑罪和赋敛，"因民之所利而利之""择可劳而劳之"（《尧曰》），以达到保护和争取劳动力的目的，防止"犯上作乱"行为的产生。在孔子看来，这乃是符合贵族的根本利益和长远利益的。

三、孔子的"四教"观

孔子继承西周六艺教育的传统，教学纲领是"博学于文，约之以礼"。孔子的"四教"观是"诗、书、礼、乐"。

"诗"是西周以来的诗歌。传说古诗本有 3000 篇，经孔子删定，存 305 篇，概称"三百篇"，即流传下来的《诗经》。作品产生的年代约从西周初期到春秋中期。孔子根据曲调将删存的"诗"分为"风""雅""颂"三类。其中一部分是对上帝、鬼神、贵族统治权力的歌颂，更多的则是抒写劳动人民的生活情感和苦难遭遇，揭露贵族的残暴和荒淫。孔子说"诗"的作用有四：①激发道德情感；②观察风俗盛衰；③增进相互情谊；④批评政治得失。归结起来，是教人懂得如何"事父"与"事君"；还可以获得一些自然知识："鸟兽草木之名。"

"书"即历史。孔子将春秋以前历代政治历史文献汇编成书，保存了夏商以来特别是西周初期的重要历史材料。孔子说："文武之政，布在方策，其人存则其政举，其人亡则其政息。"（《礼记·中庸》）说明书教的旨意即在于复兴"文武之政"。孔子还根据鲁国的史记编写了一部编年史——《春秋》，起鲁隐公元年，终鲁哀公十四年（前722—前481），简要论述242年的历史。它以周礼为准则，评述春秋史实，"寓褒贬，别善恶"，旨在正名定分，维护奴隶主贵族的统治秩序。

"礼"即周礼。包括奴隶制的宗法等级世袭制度、道德标准和仪节。孔子说："为国以礼"（《颜渊》）；"不学礼，无以立"（《季氏》）。当时"礼"已流于形式，失去了对思想情感的约束作用。孔子深有感慨地说："礼云，礼云，玉帛云乎哉；乐云，乐云，钟鼓云乎哉。"（《阳货》）又说："礼，与其奢也，宁俭；丧，与其易也，宁戚。"（《八佾》）强调"礼"必须以"仁"的思想情感为基础，离开"仁"，"礼"就没有意义了，因此要求要达到"礼"和"仁"的统一。

"乐"即音乐。"乐"与"诗"相连，分别来说，"乐"谓乐曲，"诗"谓歌词；合而言之，"乐"也包含"诗"。"乐"与"礼"相配合进行政治道德教育，其作用尤在于陶冶情感。"礼"以修外，"乐"以修内。孔子认为"安上治民，莫善于礼；移风易俗，莫善于乐"（《孝经·广要道》）。孔子志欲复兴周礼，故特别欣赏古乐，称赞《韶》（相传为舜时的乐）"尽美矣，又尽善也"（《八佾》）。对春秋时代的新乐——"郑卫之音"则十分厌恶。孔子曾否修订《乐经》，历来争论不一：一说《乐经》本来是有的，秦以后亡佚了；一说"乐"本无经，"乐"的歌词在"诗"，运用在

"礼"，声调的传授则在伶工之手。《乐经》虽未见到，《礼记》中的《乐记》《经解》以及《周礼》中的《大司乐》等篇，还保存了不少孔子关于"乐"的论述，为后世儒家乐教之所本。孔子说"兴于诗，立于礼，成于乐"（《泰伯》），对"乐"在培养人的性格中的作用给予了高度评价。孔子可能也曾教习军事。《礼记·射义》记"孔子射于矍相之圃"，《史记·孔子世家》记冉求自称军旅之事"学之于孔子"，是其证。但孔子培养的目标是文士而非武士，教育内容重在礼乐，则是没有疑义的。

四、孔子的教学方法

孔子的世界观有唯心主义倾向，相信"天命"，认为"不知命，无以为君子也"（《尧曰》）。又说"有生而知之者"（《季氏》）。但在教育实践中，则重视"学而知之"。一生"学而不厌，诲人不倦"，创造出了以培养自觉性为中心的因材施教的教学方法。它的要点是：

1. 注意个性差异

经常通过观察、问答等方式了解学生智能性格的差异。《论语》保存了大量评论个性的记录，如："由也果……赐也达……求也艺"（《雍也》）；"柴也愚，参也鲁，师也辟（偏激），由也喭（莽撞）"（《先进》）；"德行：颜渊、闵子骞、冉伯牛、仲弓；言语：宰我、子贡；政事：冉有、季路；文学：子游、子夏"（《先进》）……孔子即根据不同的个性特点进行教学。

2. 善于启发诱导

因材施教的基本方法是启发诱导。孔子说："不愤不启，不悱不发。"（《述而》）朱熹注："愤者心求通而未得之意，悱者口欲言而未能之貌。启谓开其意，发谓达其辞。""启发"一词即由此而来。要求在教学过程中掌握学生的心理状态，务使教学的内容与方法适合学生的接受水平和心理准备条件，以充分调动学生学习的主动性和求知欲。颜回说："夫子循循然善诱人，博我以文，约我以礼，欲罢不能。"（《子罕》）孔子就是这样根据每个学生的个性特点因材施教，循序渐进，引导他们在理性认识的基础上，发展道德情感，树立道德信念，追求远大理想；由"知之"到"好之"，由"好之"到"乐之"，形成习惯系统，而"从心所欲，不逾矩"，则是道德自觉性的高度体现。

3. 学习与思考结合

孔子说："学而不思则罔，思而不学则殆。"（《为政》）这已经接触到感性认识与理性认识的辩证关系。孔子非常重视学习，《学而》第一句即"学而时习之"。孔子自谓"吾尝终日不食，终夜不寝，以思无益，不如学也"（《卫灵公》）。强调获取知识必须多闻、多见、多问；同时要求对学习的内容，一定要经过思考，融会贯通，明辨是非，择善而从，由博反约，温故知新，闻一以知十，举一以反三。他认为对任何事情不问几个"为什么"的人，是最没出息的。孔子还要求思考问题要抱虚心求是的态度，"知之为知之，不知为不知"，勿妄测，勿武断，勿固执，勿自是。对尚未明白的问题，暂时存疑，以待进一步探讨，认为如此才能获得真知。对"饱食终日，无所用心""亡而为有，虚而为盈"的种种表现，则给予严厉批评。

4. 学习与行动结合

孔子要求学以致用，学习所得必须见于行动，即把知识运用到政治生活和道德实践中去。他以学"诗"为例，说：熟读"三百篇"，管理政事，却管不了出使各国，却不能独立应对，"诗"读得再多，有何用处？孔子观察人的方法是："听其言，而观其行。"最讨厌讲空话，讲大话，认为言过其行是最可耻的。就道德修养来说，根本的要求是"迁善改过"。孔子说：学习是为了提高自己的知识和道德修养，而不是用作装饰，给别人看。他说他自己经常忧虑的事情就是"德之不修，学之不讲，闻义不能徙，不善不能改"；认为颜渊过人之处就在于"不迁怒，不贰过""有不善未尝不知，知之未尝复行也"。孔子深信人的智慧和道德都是在不断克服缺点与错误的过程中形成和发展的。

孔子一生怀着探求真理，教育人才的愿望，在40余年的教育实践中积累起来的丰富的教育经验，乃是教育史上的珍贵的遗产，科学地对待这样一份遗产，去其糟粕，取其精华，对于发展教育科学和教育事业，仍具有现实的意义。

第三节　墨子和他的科技教育观

一、墨子生平

墨子（约前476—约前390），名翟，墨子是宋国贵族目夷的后代，生前担任宋国大夫。他是墨家学派的创始人，也是战国时期著名的思想家、教育家、科学家、军事家。墨子创立了墨家学说，墨家在先秦时期影响很大，与儒家并称"显学"。他提出了"兼爱""非攻""尚贤""尚同""天志""明鬼""非命""非乐""节葬""节用"等观点。以兼爱为核心，以节用、尚贤为支点。墨子在战国时期创立了以几何学、物理学、光学为突出成就的一整套科学理论。在当时的百家争鸣中，有"非儒即墨"之称。墨子死后，墨家分为相里氏之墨、相夫氏之墨、邓陵氏之墨三个学派。其弟子根据墨子生平事迹的史料，收集其语录，完成了《墨子》一书传世。

墨子可以说是中国历史上一个伟大而又神秘的人物。他创立的墨家学派和孔子所创立的儒家学派是春秋战国时期的诸子百家中最著名的两家，他和孔子两人被并称为"显学"大师，成为天下人学习的榜样，当时的男女老少没有不欢欣企望的。如此伟大的人物在历史上应享有盛名，然而，与孔子在人们心目中的辉煌传颂成反照，各种史籍对墨子的生平却未有一明确、肯定的记载，以至于后人关于墨子本人的情况知道的很少，使我们无法认清墨子的真面目。墨子出生何地，也有争议。《史记·孟荀列传》说他是宋国的大夫，《吕氏春秋·当染》则认为他是鲁国人。

从墨子一生的活动看，墨子可能出生于当时的士阶层，但他本人曾经当过制造器具的工匠，具有丰富的生产工艺技能，他称自己为"贱民"。墨子早年曾受过儒家的教育，是个博学多才的人。他发觉儒家非常强调礼乐，主张厚葬久丧，不利于人民，因而不满儒家所提倡的烦琐的礼乐，于是弃儒而去，后来创立了自己的学派。墨子是一位将自己的一生无私奉献给社会民生的人。他一生都是在扶危济困的事业中奔忙，班固《答宾戏》中说"孔席不暖，墨突不黔"，就是说墨子像孔子一样为天下事终日奔劳，连将席子坐暖和将炉灶的烟囱染黑的工夫都没有。

墨子是伟大的思想家、教育家、科学家、军事家和社会活动家，在中华民族的文明史上，代表了一个时代的高度。他的思想具有极其重要的时代价值。墨子的思想学说博大精深，他的科学思想前无古人，他的军事技术高于其他诸子，他对世界、对社会的贡献是多方面的。在政治方面，墨子主张"尚贤"与"尚同"。他提出了"官无常贵，而民无终贱"的主张，认为只要有贤能，不管亲疏远近、贫富贵贱，都要任用他们。他认为人民的思想都要向他们的长官认同学习，下级的主管必须向上级的主管认同学习，建立起上下的共识，而最高的统治者（天子）要能统一天下的思想。墨子也提出了维护和平、反对侵略的"非攻"的主张。在经济方面，墨子主张"强本节用"即重视生产、崇尚节俭。人人参与劳作并分工合作、各尽所能。对于分配"利"，墨子主张量功分禄，以劳定赏。在伦理方面，墨子主张"兼爱"，为官的要"兴万民之利，除万民之害"，为人民的相亲相爱、交互得利。在教育方面，墨子的教育思想是独树一帜的。墨子主张的教育的目的是实现救世拯民。他是第一个不畏劳苦送教上门的教育家。他很重视教授生产、军事技能、自然科学知识和逻辑知识。他提出了教育上量力性（可接受性）原则、实践性原则等。教学方法有因时（材、人）施教、讲清事物的所以然、以行为本、注重学生个性发展。他在自然科学领域如力学、几何学、代数学、光学等方面，都有重大的贡献。在军事方面，墨子主张"有备无患"，他反对侵略战争，采取防御战争。他主张外交上要"遍礼四邻诸侯"，争取国际上的支持。

二、墨子教育的内容与目的

1. 有道者劝以教人

因战争连年不断，社会动乱不安，面对残酷的社会现实，经过长时间艰苦的探索与实践，墨子终于形成了独具特色的人生观，即"兴天下之利，除天下之害"（《兼爱中》），实现"兼相爱、交相利"（同上）、国泰民安的理想社会。要实现这一崇高理想，教育就肩负着重大的使命。墨子认为，教育是一种"为义"的活动。《尚贤下》篇说："有力者疾以助人，有财者勉以分人，有道者劝以教人。"然而，相比之下，"有道者劝以教人"比其他两种显得更重要。这是因为，教育可以培育出有德之人，使人认识义的重要性。当人们意识到行义不但能使自我受益，也可以给整个社会带来公义，那么人们也就会乐于从事行义的活动了。墨子举例说："翟虑耕而食天下之人矣，盛然后当一农之耕，分诸天下，不能人得一升粟。籍而以为得一升粟，其不能饱天下之饥者，既可睹矣。翟虑织而衣天下之人矣，盛然后当一妇人之织，分诸天下，不能人得尺布。籍而以为得尺布，其不能暖天下之寒者，既可睹矣。翟虑披坚执锐救诸侯之患，盛然后当一夫之战。一夫之战，其不御三军，既可睹矣。翟以为不若诵先王之道而求其说，通圣人之言而察其辞，上说王公大人，次说匹夫徒步之士。王公大人用吾言，国必治；匹夫徒步之士用吾言，行必修。故翟以为虽不耕而食饥，不织而衣寒，功贤于耕而食之、织而衣之者也。故翟以为不耕织

乎，而功贤于耕织也。"（《鲁问》）

墨子的意思是说，若仅靠自己一个人的力量去耕种田地，最多只能相当于一个农夫的作用。即使幸而有所收获，把它全部拿来分给天下的人，天下人也不能人均一升粮食，因此并不能使天下的饥饿者温饱。同样的道理，仅靠一人之力去织布，并不能使天下的寒者都有衣穿；仅靠一个人去打仗，并不能抵御敌人的进攻。墨子通过耕织与教育的比较，推论个人力量极为有限，教育之功远胜于个人的自耕自织。但是，用先王之道、圣人之言进行上说下教就不同了。王公大人采纳了自己的意见，那国家必治；普通老百姓听从了自己的教导，那么举止就会变得有修养。这里，墨子指出了教育的重要性，而且以自己上说下教的教学活动为例子，说明教育虽然不属于物质生产活动，但是，它经由培养和造就人才这个中介作用于社会的政治统治、个人的人格修养等方面，推动社会进步。所以，从实际效果来说，"有道教人"比"有力助人""有财分人"的作用大得多。

墨子相信，人是可以通过教育而改造的。根据《所染》篇记载，墨子曾见染丝者而叹息说："染于苍则苍，染于黄则黄，所入者变，其色亦变。"

这似乎暗示说，人的品性可以受到后天的习染而改变。《所染》的下文接着说："非独国有染也，士亦有染。其友皆好仁义，淳谨畏令，则家日益、身日安、名日荣，处官得其理矣，则段干木、禽子、传说之徒也。其友皆好矜奋，创作比周，则家日损、身日危、名日辱，处官失其理矣，则子西、易牙、竖刀之徒是也。"

也就是说，人会受到周围环境很大的影响，从一个人的交友就可以大致看出他这个人的品行。从墨子反复强调"有道者劝以教人"是仁者之事、"隐匿良道而不以相教"（《尚同上》）是不仁不义之事来看，他显然相信人可以通过学习来改变自己的品德与知识。这也是他反复劝说别人去学习的原因所在。

在墨子看来，教育目的是为国家培养大量的"兼士"。墨子希望培养众多的兼士，以利于国家的统治与稳定。《尚贤上》篇记载："是故国有贤良之士众，则国家之治厚；贤良之士寡，则国家之治薄。故大人之务，将在于众贤而已。"意思是说，若国家拥有众多贤良人士，那么国家的治理就厚实、稳固；若国家拥有的贤良人士少，那么国家的治理就薄弱、动荡。因此国家的掌权者的首要任务，是使贤良的人增多。如何使"贤良之士"亦即"兼士"增多呢？那只有通过良好的教育来培养了。

2. 谈辩、说书与从事

按照墨子的意见，一个良好的国家必须由"贤良之士"来管理或统治，这样人民才能享有安居乐业的生活。"贤良之士"的标准是厚乎德行、辩乎言谈、博乎道术。"厚乎德行"是说个人的品德要好；"辩乎言谈"是说必须对修辞或辩论的艺术有良好的素养；"博乎道术"是说要具备或掌握一定的知识和技能。这三者基本上包括了品德和才能两个方面。墨子的教育内容主要是围绕着这些标准来制订的。

《耕柱》篇说：治徒娱、县子硕问于子墨子曰："为义孰为大务？"子墨子曰："譬若筑然，能筑者筑，能实壤者实壤，能欣者欣，然后墙成也。为义犹是也，能谈辩者谈辩，能说书者说书，能从事者从事，然后义事成也。"

治徒娱、县子硕是墨子的弟子，他们有一次问墨子道，什么是行义的当务之急？墨子回答说，这就好像筑墙。能够修筑的修筑，能够填土的填土，能够测量的测量，然后墙可以筑成。做义事也一样，能够谈辩的谈辩，能够说书的说书，能够从事的从事，然后义事就可以实现了。这里，墨子区分了三种活动，即谈辩、说书和从事，这三者大概也是墨子教学的主要内容了。

关于"谈辩"，《墨子》书有"墨辩"六篇专门研究辩论的技巧。墨子对辩论的方法相当重视，他所提出的察类明故原则以及三表法，都为后期墨家进一步研究逻辑和辩论的规律准备了基础。此外，墨子有意要培养一大批社会宣讲的专门人才到各诸侯国宣讲墨学，并与当时的儒家及其他学派进行辩论。非常有可能的是，墨子曾专门设立了谈辩一科来教育弟子。

至于"说书"的含义，墨子本人并未给予解释。其大概的意思是指对古代流传下来的文化典籍进行研究。墨子重视《诗》《书》，在论证自己的观点时，他经常引用古代的文化典籍来替自己辩护，三表法中有一表说"上本之古者圣王之事"，而"古者圣王之事"主要就是通过书籍流传给我们的。因此，"说书"对于墨子的教学来说自是必不可少的内容。但有学者认为"说书"指的是"陈述墨学"。说书指的是什么？辞书上解释"说"为陈述、解说、言论、主张、学说、劝说、说服；"书"为写、文字、书信、文书、书籍。据此，较为确切的解释应为"陈述墨学"。墨子要造就一批墨学教育工作者，使他们到各地办学传道，阐述墨学。

"从事"是指掌握一些具体的知识和技能，以参与实际的工作或事务。墨子除了培养宣传、教育两方面人才之外，就是培养实干能战的劳动、科技、军事方面的人才。墨家经常会面临制械、守城等任务，所以需要具备相当的专门技术和知识。《墨子》书中《备城门》以下各篇讲的就是一些防守的技巧。墨子是重视实际教学的，因此，"从事"当然也就成为他教学中的一科了。

谈辩、说书和从事三者合起来，涉及语言、知识、技术及人文传统等许多方面，说明墨子的教学内容相当广泛。这十分有利于人才的全面培养。有了这三面的人才，才使墨学成为"显学"，才使墨家成为一支维护和平、实行兼爱的重要力量。

三、墨子教育的类别

1. 社会教育

墨子从社会政治方面着眼，认识到社会教育具有极其重要的作用。首先是因为"王公大人"掌握着统治大权，他们的领导作风和个人的好恶影响着整个社会的发展，所以要说服教育他们"尊天、事鬼、兼爱、非攻、尚贤、尚同、非命、非乐、节用、节葬"。其次是"农与工肆之人"，这部分人是社会的创造者，占人类的绝大多数，因而要对他们进行教育，唤醒他们共同创造一个"兼相爱、交相利"的理想社会。墨子要唤起广大人民的觉悟，提高全社会的素质，如此才能实现崇高的社会政治理想。

墨子对社会教育的进行有三条宝贵经验：

（1）上说下教，全面教育

墨子在鲁国听说楚国要攻打宋国，除组织弟子帮助宋国防御，还亲自步行十天十夜，赶到楚国"上说"楚王，说服楚王放弃攻宋的计划。再如墨子教育鲁阳文君，不要攻打郑国，鲁阳文君听从墨子的劝告终止了攻郑的计划。对于平民百姓，墨子进行"下教"。如《公孟》篇记载，有一个身体健壮、思路敏捷的人来到墨子门下，墨子劝他跟自己学习，学成之后告诉他：我教你学是行义，你学习也是行义，你不学习，人家就会笑话你，所以我才劝你学习。

（2）强聒而不舍，遍从人而说之的"扣则鸣、不扣必鸣"

墨子一贯坚持积极主动教育，主动去解决问题，永远起主导作用。他说："不强说人，人莫之知也。"（《公孟》）他从撞钟乃至国家的政事为例，说明主动教育的重要道理。坚决反对教师"待问而后对""弗问不言"的被动施教。他在《公孟》和《非儒》篇里都驳斥了儒家"击之则鸣、弗击不鸣"的施教原则。墨子还把不积极主动施教看作是施教者的过失，认为是危害社会的祸乱之源，所以一再强调要"强说强教""扣则鸣、不扣必鸣"。

（3）择务而从事"因材施教"

墨子带领弟子周游列国，其弟子魏越问道：见到各地诸侯，您将说什么呢？墨子说：到了一个国家，要选择重要的事情进行劝导说教，假如一个国家昏乱，就告诉他们尚贤尚同的道理；假如一个国家贫穷，就告诉他们要节用节葬；假如一个国家喜好声乐、沉迷于酒，就告诉他们非乐非命的好处；假如一个国家荒淫不讲究礼节，就告诉他们尊天事鬼；假如一个国家以欺侮、掠夺、侵略、凌辱别国为事，就告诉他们兼爱、非攻的益处，所以说要择务而从事。这段话充分表明了墨子"因材施教"，根据各国实际情况进行游说的做法。

墨子社会教育的另一个重要特点是形成庞大的教育网络。墨子知道，任何事情要想成功，只靠个人的力量是不行的，要培养更多的人才共同去做，才有希望成功。因此，他除自己到各国游说之外，还派出许多弟子到各地分头讲学，宣传墨家主张，形成遍布社会各地的教育体系。

2. 学校教育

墨子非常重视学校教育，以作为培育人才的摇篮，培养出了一批又一批的墨者，为传播墨学，兴利除害而"摩顶放踵""上说下教"。墨子学校教育的课程设置比较全面。公共必修课有古代文献，如《诗》《书》《春秋》以及墨子所编的讲义《墨经》。获得基础知识后，再分为三科："能谈辩者谈辩、能说书者说书、能从事者从事"，根据学生的能力、爱好、特长编班，或入文科，或入理科，或入军工科。所教学科大体包括哲学、宗教、伦理、教育、天文、数学、物理、应用科学、军工科学、政治、经济、外交等。

墨子办学宗旨是培养博学多能、文武兼备、能强力办事并富有"有道教人、有财分人、有力助人"精神的"兼士"。墨子对其弟子施以严格的组织纪律教育，培养高尚的情操和优秀的道德品质，授予各种专门的知识和各种生产劳动的技能技巧，使他们在分工合作的原则下，各从事其所能，把他们培养成真正履行墨家道义，实现"兴天下之利，除天下之害"的政治目的而行义的"兼士"。

墨子的教育对象主要是"农与工肆之人"，面向天下，在民间广泛招生。招生办法灵活多样，主要是有人推荐入学，如在《鲁问》篇记载鲁人推荐儿子上学就是一例。再就是上门动员入学，如《公孟》篇里有一个人以"吾族人无学者"为理由而不学习，墨子听了力劝他改变错误的想法，要他努力去学习义。这是墨子亲自动员入学行义的事例。

墨子的教育理想是使广大民众皆知为义，都有奋发向上以身殉义、以天下为己任、忧国忧民的忧患意识，和为他人利益而奋斗的侠义精神。学校教育力求使学生成为德才兼备、言行一致、义利并重、述作并重、损己利人、积极进取、艰苦奋斗的兼士，具有赴汤蹈火、死不旋踵的无私奉献精神。

3. 终身教育

学校教育仅仅是短期教育，墨子将教育延伸到学生的终身，这就是终身教育。

《鲁问》篇记载："子墨子使胜绰事项子牛。项子牛三侵鲁地，而胜绰三从。子墨子闻之，使高孙子请而退之。曰：'我使绰也，将以济骄而正嬖也。今绰也禄厚而谲夫子，夫子三侵鲁，而绰三从，是鼓鞭于马靳也。翟闻之，言义而弗行，是犯明也。绰非弗之知也，禄胜义也。'"

墨子让弟子胜绰去项子牛处做官。项子牛三次侵犯鲁国领土，胜绰三次都跟从了。墨子听说后，派弟子高孙子请求项子牛辞退胜绰，并且说：我让胜绰去，是为了制止骄横、匡正邪僻。现在胜绰俸禄丰厚了，却欺诈你夫子，你三次侵犯鲁国，胜绰三次都跟从了，这就像扬鞭打马车的中马一样。我听说过，出语讲仁义却不实行，是违背了明白的道理。胜绰并不是不知道，而是将俸禄看得比义还重啊！可见，墨子因弟子胜绰助项子牛伐鲁，违背了义，而派弟子高孙子去项子牛处辞退胜绰。胜绰是在墨子处学成后去事项子牛的，但墨子还要关心并继续教育胜绰。这是一种正规教育的延伸，是一种终身教育。这也是墨子的一种为义之举。墨家子弟"赴火蹈刃、死不旋踵"的侠义精神实乃墨子教化之所致。

四、墨子教育的方法

1. 强学强教

墨子认为，既然学是为义，教也是为义，那么做学生的就必须强学，做教师的就必须强教。"强学强教"成了墨子对教、学两个方面所提的最基本要求。关于劝人"强学"的例子，《公孟》篇有一段记载：

有游于子墨子之门者，子墨子曰："盍学乎？"对曰："吾族人无学者。"子墨子曰："不然，夫好美者，岂曰吾族人莫之好，故不好哉。夫欲富贵者，岂曰吾族人莫之欲，故不欲哉。好美欲富贵者，不视人犹强为之。夫义，天下之大器也，何以视人？必强为之！"

墨子曾劝他的一位弟子去学习，这位弟子以"吾族人无学者"为由来搪塞。墨子批评道：你的这种说法是不对的。一个人爱美，他并不会因自己的族人都不爱美而放弃自己对美的追求。一个人向往富贵，他并不会因自己的族人都不想富贵而放弃自己对富贵的追求。更何况"学"是一种义事，属天下最贵重的东西，因此，你应当努力去学习才对，又何必去管别人怎么做！

关于"强教"，在《墨子》中记载有许多墨子主动施教的例子。如墨子听说鲁国南部有一位名叫吴虑的隐者，冬陶夏耕，自比于舜，就马上前去见他，与之辩论；当墨子发现自己的弟子有才质优秀，有培养前途的对象时，就主动地劝他去学习；当墨子听说禽滑厘这个人喜欢勇时，就亲自找上门告诉他什么是真正的勇。最令人荡气回肠的是，当墨子听说楚国即将攻打宋国时，就马上从千里之外动身，去公输般和楚王面前演说其兼爱非攻的大道理。

对于强学强教的意义，墨子在《贵义》篇曾说过一段比较概括的话："嘿则思，言则诲，动则事。使三者代御，必为圣人。""嘿则思"属学，

"言则诲"属教。整句话的意思是，沉默的时候就自己思考，讲话的时候就教诲别人，行动的时候一定符合义。做到了这三点，就可以成为圣人了。这是墨子强学强教的心得，也是他自觉遵循的行为准则。

2. 因材施教

墨子在长期的教育实践中，因人、因时、因事、因地的不同，而施于不同的教育。他要求弟子"能谈辩者谈辩、能说书者说书、能从事者从事"（《耕柱》）。据此可知，墨子根据教育对象素质的不同，挖掘弟子潜力，发挥弟子特长，分别给予教育。墨子不固守培育全才、通才的教育目的，而是贯彻执行因材施教的教育原则，考查被教育者的具体情形，区别对待，使他们学有专长。墨子反对弟子不考虑自身的条件，随心所欲，盲目学习。有弟子欲学射击，墨子断然拒绝。

二三子有复于子墨子学射者，子墨子曰："不可，夫智者必量其力所能至而从事焉。国士战且扶人，犹不可及也。今子非国士也，岂能成学又成射焉?"（《公孟》）

从墨子的回答看，他显然不主张贪多骛广。他希望弟子们能够根据自己的能力而"量力从事"，而专精一科，而专精一科与因材施教，说到底也不过是一体的两面而已。墨子也曾指导弟子说：

凡入国必择务而从事焉：国家昏乱，则语之尚贤尚同；国家贫，则语之节用节葬；国家熹音湛涵，则语之非乐非命；国家淫僻无礼，则语之尊天事鬼；国家务夺侵凌，则语之兼爱非攻。（《鲁问》）

墨子要弟子选择紧迫的事先讲，这是很生动的"因材施教"的教育方法，是因国因事因人而异的社会教育。总之，墨子因材施教的方法表现在根据教育对象的特长、爱好、性格的差异，施于不同的教育内容；根据教育对象的天赋资质或才能高低，予以不同的要求标准。墨子能够认识到弟子们的材资有不同并实施相应之教，这是他长期从事教育活动的结果。

3. 学思并重，提倡实践力行

墨子在教学中很注重学思的结合，他认为在学习时，不但要知其然，更要认真地思考其所以然。在《墨子》书中，有许多"是故何也""何以为""何以知之""何自"等关于究其所以然的记载。就是要求弟子们开动脑筋，多加思考，注意学思并重。墨家是一个力行的学派，墨子论学更是着重实践力行，提出"以行为本""士虽有学，而行为本"（《修身》）等实践性的原则 。

言必信，行必果，使言行之合，犹合符节也，无言而不行也。（《兼爱下》）

多言而缓行，虽辩必不听；多力而伐功，虽劳必不图。（《修身》）

墨子认为出言必定守信用，行为必定要果断，使言行一致就像与符节相合一样，没有出言而不实行的。他坚决反对仅停留于言谈而不务实际。一个人说话，要是能够改善自己的行为，就不妨常说，如果不能改善自己的行为，就不必说，因为徒托空言，白费口舌，是无用的。《公孟》篇记载：

告子谓子墨子曰："我能治国为政。"子墨子曰："政者，口言之，身必行之。今子口言之，而身不行，是子之身乱也。子不能治子之身，焉能治国政？子姑无，子之身乱之矣！"

告子告诉墨子说，我能治理国政，墨子回答说，政治的事，应该是能说能行，即说即行，现在你只是光说不做，这就是你自己本身乱了，你不能治你之身，又怎能治国理政，你应该提防你本身的错乱就好了。可见，墨子特别重视实际教育，重视力行教育，重视身教重于言教的教育。墨子在教育过程中贯彻了实际性原则，在教育中提倡了理论联系实际。

五、墨子开古代科技教育之先河

墨子所创立的墨家学派，其风格是贵实行而不贵文采，重口说而不重著书，强调身体力行与绝对服从钜子。墨家都是生产劳动的参加者，认为"赖其力则生，不赖其力则不生"。他们在生产劳动和教学活动中，继承和发展了前人经验，取得了中国古代最早的科学成果。他们不仅改进了生产工具，还制造了不少军事器械，对提高生产能力，防止侵略战争起了非常有益的作用，据说墨子"用咫尺元木"做成了挡车轮的车横木，能载重30石行走远路。他还为了阻止楚国攻打宋国，制造了守城器械，在楚王面前，同公输般表演了一场防止云梯攻城的战斗，一连击退了公输般先后使用九种办法的进攻，迫使楚王放弃了攻宋的念头。

墨子平时把这些科学知识和技能，作为教学内容传授给学生。因此他制造的守城器械，其弟子禽滑厘等300人，不仅都懂得原理和制作方法，而且还能使用。

墨子重视自然科学知识的传授，他最早以定义、定律的形式，用精确的术语说明自然现象及其规律，并且发明了用实验的方法来研究和证明自然现象及其规律。同时把这方面的发明和创造引进了教学领域。墨子和墨家学派传授的自然科学知识，涉及几何学、力学、光学、声学等许多方面。

关于几何学方面，墨子向弟子传授了点、面、线、圆、立体等原理及其运算方法，内容颇丰。关于力学方面，墨子向弟子传授了杠杆、天平、滑车、斜面等原理及其应用方法，还讲了力的性质、运动、力的平衡以及简单机械等。关于光学方面，墨家最早发现了光是直线传播的这一光学的基本原理，在此基础上，探讨了影的形成、光与影的关系、光与光源的关系和影的大小的形成，还讲了平面镜、凸面镜、凹面镜中物与像的关系。现代光学中论影论像的基本问题几乎都讲到了。墨子和他的学生做了小孔成像的实验，这是世界上对光之直线传播的第一次科学实验。关于声学方面，讲述了如何利用声音的共鸣以侦察敌情。

墨子在科技教育中，形成了自己的教学特色，积累了很多行之有效的教学方法。

1. 鼓励创新

在传授知识的过程中，墨子主张对古代好的东西要继承，而对当代文化好的应该自己去创造，这样，好的东西才能越来越多。这显然是鼓励创新精神的，正由于墨子主张不断创新，因此他十分重视培养学生思维能力的发展。在教学中，他运用形式逻辑"以往知来，以见知隐"，根据已知推测出未知，根据可见现象，推知事物的本质，注意阐明概念，推理论证，然后得出判断。

2. 实践验证

采用实验方法，验证科学原理。墨子把知识分为"闻知""说知"和"亲知"。"闻知"是通过传闻、书本得到的知识；"说知"是通过逻辑推理得到的知识；"亲知"是亲身经历的"耳目之实"的知识。他认为"亲知"是直接经验，比间接经验可信程度大，所以特别重视直接经验。他曾带学生对平面镜、凹面镜和凸面镜做成像实验，让学生掌握光反射原理，说明墨子重视直接经验，更重视实验方法。

3. 学必量力

墨子要求学生专心致志，学必量力。有一次，刚学完课业之后，有的弟子又向墨子要求学射，墨子坚决说："不可！夫知者必量其力所能至，而从事焉。"意思是说，不能这样办，凡是有学识的人，都必须量力而行。然后又说，战士在战场上，都做不到既要同敌人打仗，又要救护受伤的人员；而学生的学习又不同于战士在战场上，怎么能同时做到既要完成学习技术的任务，又要学射呢？不从实际出发，一心二用，就不能把技术学好。

总之，墨子和墨家的教学内容所涉及的领域较广，他们在科技教育方面的创造，不仅在中国古代，就是在当时世界科技教育史上也居于遥遥领先的地位。如关于力学的理论，在古希腊亚里士多德（前384—前322）

的著作中虽然讲了一些，但对于杠杆力矩的原理没有说清楚，只有阿基米德（前287—前212）才用力矩的概念来说明杠杆的原理，而阿基米德却晚于墨子近200年。关于光是直线传播的原理，古希腊欧几里得（约前330—前275）曾提出过这个设想，但没有任何实验来证明，而欧几里得也晚于墨子近100年。墨子和墨家是科学实验方法的创始者，也是科学实验方法用于教学的先行者，他为中国教育史增添了宝贵的财富。

第四节　孟子和他的教育人才观

一、孟子生平

孟子（约前372—前289），名轲，字子舆（待考，一说字子车或子居。按：车，古文；舆，今字。车又音居，是故，子舆、子车、子居，皆孟子之字也）。汉族，战国时期邹国人，鲁国庆父后裔。孟子继承并发扬了孔子的思想，成为仅次于孔子的一代儒家宗师，对后世中国文化的影响全面而巨大，有"亚圣"之称，与孔子合称"孔孟"。古代著名思想家、教育家，战国时期儒家代表人物。孟子及其门人著有《孟子》一书。他的教育思想在古代中国教育史上占有重要地位。他一生以学习孔子为志愿。子思和孟子之学，被后世称为思孟学派，是儒家中的一个保守的唯心主义学派。在教育方面，孟子继承并发展了孔子的教育思想，对后代有巨大影响。我们研究孟子的教育思想，吸取我国古代教育家探讨教育理论的一些有价值的认识，古为今用，对我们如何开展素质教育很有裨益，能使我们的教育内容更充实、生动，具有民族形式和风格。

二、"性善论"教育理论的基础

孟子在中国教育史上首倡"性善论"。他把人性归于天性，把道德归于人性，又把人性归于天赋，构成了他的先验主义的人性论。孟子认为人性不是食色，告子曰"食色性也"应当是提"仁义礼智"之类的道德属性。他说："恻隐之心，仁也；羞恶之心，义也；恭敬之心，礼也；是非之心，智也。仁义礼智，非由外铄我也，我固有之也，费思耳矣。"孟子认为仁义礼智这些人的"良知""良能"，是人所固有的，这反映了唯心主义观点。

孟子的"性善论"成为其教育思想的基础。其一，"性善论"说明了人性是人类所独有的、区别于动物的本质属性，人之需要社会伦理与政治，这是因为人的内在本质所决定的，学习的可能，不在于其他，而首先在于人之为人。孟子认为，讨论人性就应反映出所讨论的对象人这一类的类本质，所以人性是一个类范畴：人相对于其他的类绝不相同，而同类之中却相似。基于此，孟子肯定人性本善，肯定"人皆可以为尧舜"，并以之贯彻于其教育和政治实践。其二，"性善论"还包含着一个人类种系发展的前提在内，换言之，"我固有之"的仁义礼智归根结底也是人类学习的结果。人性本初称不上善，所谓有善性是在漫长的社会生活中学习积淀而成。所以，人性的善是人类学习的结果，是人类缓慢进化的结果，这又合乎逻辑地要求这种结果成为进一步进化的起点与内在依据。这就是孟子为何把性善解为"端"，把教育过程视为"扩充"本性的过程的原因。其三，"性善论"不仅揭示了人之"类"，而且还揭示了人之"故"。孟子说过，探讨人性不过是在探讨人的所以然，而探讨人的所以然又是为了"顺性"而因势利导；人性之"故"就是"人性之善也，犹水之就下也"。所以，既然仁义属于人之所有，"为仁义"就必须依据人之所以然，"行其所无事""以利为本"。

所以孟子的"性善论"指出了：教育与学习是人的必须，也是人的可能；教育与学习必须遵循人的内在依据，发扬人的自觉。

三、教育的作用与教育目的

孟子从他的政治思想和"性善论"的哲学思想出发，提出教育目的主要是培养"明人伦"的"治人"的"劳心者"。孟子并不认为人的完善道德品质是先天的，而人的本性仅具有善的萌芽，是谓性"善端"，有待于以后教育的"扩弃"和"完善"；如果得不到正确的教育，人的"善端"就得不到发展，甚至于会向相反的方向转化，"与禽兽无异"。教育是扩充"善性"的过程，教育的全部作用在于经过扩充人固有的"善"进而达到国家的治理。他说："凡有四端于我者，知皆扩而充之矣。若火之始燃，泉之始达。苟能充之，足以保四海；不能充之，不足以事父母。"因此说，孟子理想中的政治是以教育入手的，而教育又是扩充完善的过程。他把教育当作国政的根本。对"劳力者"的教育则是为了使之成为统治者的顺民。他说"善政不如善教之得民也"，"善政得民财，善教得民心"。孟子说过："设为庠序学校以教之。庠者，养也；校者，教也；序者，射也。夏曰校，殷曰序，周曰庠，学则三代共之，皆所以明人伦也。人伦明于上，小民亲于下。"孟子在这里第一次明确地概括出中国古代学校教育的目的"明人伦"，又说明了教育就是通过实现"明人伦"来为政治服务的。"人伦"就是"人道"。具体来说，"人伦"就是五对关系："父子有亲，君臣有义，夫妇有别，长幼有序，朋友有信。"后世称之为"五伦"。"五伦"体现了中国古代社会的宗法关系，为人们所普通接受。在"五伦"中孟子尤重父子——孝，长幼——悌这两种关系，并以此为中心，建立了一个道德规范体系——"五常"，即仁、义、礼、智、信。仁，事父母；

义，从兄长；智，明白以上二者的道理并坚持下去；礼，孝悌在礼节上的表现；信，老老实实地做事，讲信用。他认为"百亩之田，勿夺民时，数口之家，可以无饥矣；谨庠序之教，申之以孝弟之义"，这是他政治的理想"王道之成"。他希望把国家的统一、政治的实现，建立在血缘宗法关系的基础之上。通过教育使人明了并实现这一切，发挥举足轻重的作用。

四、孟子的教育人才观

孟子认为"善教"是"得民心"的重要手段，他认为良好的政治赶不上良好的教育那样获得民心，良好的教育可以得到百姓的拥护。所以他把教育看得比政治重要，终身为之倾心尽力。他明确把"得天下英才而教育之"作为自己一生的最大乐趣之一。虽然他曾批评过那些"好为人师"的人，"以其昏昏，使人昭昭"，但他自己还是尊重老师，重视教育，并乐于做一名受学生爱戴的好老师。

孟子在长期的教学实践中，积累了丰富的教学经验与方法。

在教学方法上，他和孔子一样强调因材施教、启发诱导。他认为对学生的教育，应采取有德者成其德，有才者成其才，有的学生可以用自己的言语行动示范教育他，有的学生则不去做具体指导，让他自悟，自己明白道理进而努力上进。他认为教师能自如地采取因人而异的教育方法，教学便可收到满意的效果。孟子在启发诱导时，采取对学生"引而不发"的态度，像射箭那样以跃跃欲试的姿态去启发学生，在教学中，他不急于把答案告诉学生，而是引导学生自己思考，自己解疑，激发学生勇敢进取的学习精神，如他教育弟子学习必须持之以恒，就以掘井打比方：一口井打了很深，但还没有打出水来，如果不坚持打下去，这口井就报废了。他说学习也是这样，没有坚持精神，就会半途而废，徒劳无功。

在教学方法上，孟子还强调循序渐进的原则。他说，教学过程如同流水一样，必须"盈科而后进"，意思是说流水遇到坎坷时，必须等水盈满之后才能继续往前进行。他还讲了一个宋国人"揠苗助长"的故事，这个宋国人担心禾苗不长而一一拔高，疲倦地回到家里，对家里人说，今天我累坏了，帮助禾苗生长了，他儿子赶快跑去一看，禾苗都枯槁了。孟子认为违背客观规律地去帮助禾苗生长来比喻人在受教育过程中的发展，他一方面主张尽力耕耘，反对放任自流，另一方面又反对拔苗助长，反对急躁冒进，急于求成，要求教学的过程中遵循客观规律，脚踏实地循序渐进。

孟子认为在引导学生如何学习上，除了要专心致志、坚持不懈、由博返约外，尤其提出要主动自得。孟子认为学生应有主动性，要自觉地去学习才会有所得。因为被动地学习是外力强加的知识，内心并无所求，亦无所得，只有自觉主动地刻苦钻研，才能透彻地理解自己所求的知识，运用的时候才能左右逢源。为了启发学生主动自得，孟子很注意培养学生大胆怀疑的精神，他说："尽信书，则不如无书。"完全相信书，还不如没有书。他还认为学习中要靠思考，"思则得之，不思则不得也"。大胆存疑，独立思考，才能获得真知灼见。为了让学生学会独立思考，他平时教学就注意有意识地引导学生。有一次，他讲男女不亲手接东西是礼时，就说："如果见到嫂子掉到水里，而不伸手去拉她、把她救起来，那就是豺狼了，从何谈礼呢？"孟子不仅提出了伦理道德的新见解，而且还帮助学生克服呆书死记的弊病，活跃了学生的思维。

在教学语言上，孟子可说是一位大师。在先秦诸子中，他是以能言善辩著称的。他犀利的语言和敏锐的洞察力往往使论敌叹服，而在教导学生时，他常常以一些生动的小故事来说明深刻的道理。如"揠苗助长""五十步笑百步""缘木求鱼""专心致志""得道多助""杯水车薪""以其昏昏，使人昭昭"等。他说当一个教师，应"以其昭昭，使人昭昭"，你想教导别人，必先使别人明白，然后再去教别人明白，如果你自己还糊里糊涂，怎样使别人明白呢？这话是何等的深刻。在《孟子》一书中，用较恰当的比喻来说明问题的地方，不下数十处，可见善于比喻、深入浅出是孟子教学语言的一大特色。

第五节　荀子和他的尊师观

一、荀子生平

荀子（约前313—前238），名况，字卿，华夏族（汉族），战国末期赵国人。著名思想家、文学家、政治家，时人尊称"荀卿"。西汉时因避汉宣帝刘询讳，因"荀"与"孙"二字古音相通，故又称孙卿。曾三次出任齐国稷下学宫的祭酒，后为楚兰陵（位于今山东兰陵县）令。

荀子对儒家思想有所发展，在人性问题上，提倡"性恶论"，主张人性有恶，否认天赋的道德观念，强调后天环境和教育对人的影响。其学说常被后人拿来跟孟子的"性善论"比较，荀子对重新整理儒家典籍也有相当显著的贡献。荀子也曾周游列国，宣传自己的学说主张。他曾在齐国的稷下学宫长期执教，成为资望最高的"老师"，齐襄王时，三次任学宫"祭酒"，影响很大。

荀子对当时诸子各家的观点都予以批评，包括儒家的子游、子夏、子张、子思、孟子各派。同时他又批判地吸取了各家学说，特别是法家思想，因此被誉为先秦集大成的思想家。他的学生中，李斯、韩非都是著名的法家代表，而浮丘伯、张苍均是当世名儒。荀子学派与思孟学派是先秦儒家两个影响最大的学派。

现存《荀子》一书，共32篇，大部分为荀子本人所作，也有他的弟子后学撰写的内容。荀子对教育的最大成就表现在他的尊师观。

二、荀子论教育的作用

在人性论问题上，荀子提出了"性恶论"，批评了孟子的"性善论"。他写了《性恶》一文，认为人的本性都是好利疾恶的，并不存在仁义礼智等先天道德品质，如任其发展而不加节制，必然使社会产生混乱，这就否定了先天道德论。那么，人之善从何而来？荀子认为人之所以能为善，全靠后天的努力，他说："人之性恶，其善者伪也。"伪是指人为，泛指后天一切人为的努力而使本性发生的变化。

他认为教育的作用就在于"化性起伪"。人性本恶，任何人的道德观念，都不是本性固有的，而是"积伪"的结果，其过程就是由"性"向"伪"转化，"长迁而不反其初谓之化"，最终达到与恶的本性彻底决裂，永远不再走回头路。

在这个意义上，荀子强调了教育的重要意义，他说："我欲贱而贵，愚而智，贫而富，可乎？曰：其唯学乎！"学习是人的素质和命运的决定因素，荀子否认了道德先验论，肯定了人是后天环境与教育的产物，具有唯物主义因素。

三、荀子论教育目的与内容

荀子在《劝学》篇中明确地提出了教育目的与内容。他说："学恶乎始，恶乎终？曰：其数则始乎诵经，终乎读礼；其义则始乎为士，终乎为圣人。"在荀子看来，教育目的就是将士最终培养成圣人。荀子对"学而优则仕"思想做了更为深刻的阐述："学者非必为仕，而仕者必如学。"治学并非一定要做官，但做官的必须先治学。

荀子把当时的儒者划分为几个层次，即俗儒、雅儒、大儒。俗儒是最低一等的儒，这类人徒然学得儒者的外表，宽衣博带，但对"先王"之道仅会做教条诵读而已，全然不知其用；雅儒不侈谈什么"先王"，却懂得取法"后王"，他们虽不能理解"法典"所未载和自己所未见的问题，却能承认无知，显得光明而坦荡；大儒是最理想的一类人才，他们不仅知识广博，且能以已知推知未知，自如地应付新事物、新问题，这才是教育所要培养的理想人才。

在教育内容方面，荀子特别强调学习《诗》《书》《礼》《乐》《春秋》和《易》等儒家经籍，而尤重礼乐。他认为礼是自然与社会的最高法则，所以说："学至乎《礼》而止矣。"他曾写《乐论》一文，认为，乐则是表现情感的重要方式，"乐者，乐也，人情之所必不免也，故人不能无乐"。乐的教育作用很大，"声乐之入人也深，其化人也速"。他认为礼可使上下有别，乐可使上下和谐，礼乐并施就能"移风易俗，天下皆宁，善美相乐"。

荀子重视以儒家经籍为内容的文化知识传授，对经学的发展有很大的贡献。由于荀子的传经，使先秦儒家经籍得以保存，这就使后世中国封建社会教育有了经典的教科书，为文化、思想定于一尊提供了物质基础。

四、荀子的教学思想

荀子认为教育是"化性起伪"的过程，是不断地积累知识、培养道德的过程，因此，在教学思想上，与孟子"内省"的思路相反，他更强调"外积"。在学与思的关系上，更侧重于"学"，其教学思想主要包括以下几个方面。

1. 注重"积""渐"

荀子通过教育可以改变自己的恶性，从而成为君子乃至圣人，但事实上并非所有的人都能成为君子，因为人性是随着环境和教育而向多种途径发展变化的，其关键在于人本身的主观努力，这就是所说的"积"。在荀子看来，无论是知识还是道德，都是由于积累而成的。他说："可以为尧禹，可以为桀跖，可以为工匠，可以为农贾，在势注错习俗之所积耳。""注错习俗"即指客观环境对人的影响与教育。他还说："积土成山，风雨兴焉；积水成渊，蛟龙生焉；积善成德，而神明自得，圣心备焉。"这说明知识和道德是一个不断积累和提高的过程。

荀子在重视主观上"积"的同时，也重视环境对人的发展的影响，这就是他所说的"渐"。他认为，通过主观的"积"和环境的"渐"，能够使人的本性发生根本的变化。

2. 闻、见、知、行的教学过程

荀子说："不闻不若闻之，闻之不若见之，见之不若知之，知之不若行之，学至于行而止矣。"这段话表达了学习过程中阶段与过程的统一，学习初级阶段必然向高级阶段发展的思想。

闻、见是学习的起点、基础，也是知识的来源。人的学习开始通过耳、目、鼻、口、形等感官对外物的接触，形成不同的感觉，使进一步的学习活动成为可能，故云："闻见之所未至，则知不能类也。"但是，闻、见只能分别反映事物的一个方面，无法把握事物的整体与规律。

知的阶段实际上是思维的过程。荀子说："知通统类，如是则可谓大儒矣。"学习而善于运用思维的功能去把握事物的规律，就能自如地应付各种新事物。这实际上是一个由感性认识到理性认识的过程。然而，仅有理性认识而不去实行，虽有广博的知识，也仍然不是终结，还存在更高水平的"知道"，即"行"。

行是学习必不可少的也是最高的阶段，他说："君子之学也，入乎耳，著乎心，布乎四体，形乎动静。"在他看来，由学、思而得的知识还带有假设的成分，是否切实可靠，唯有通过"行"才能得到验证，只有这样，"知"才能称得上"明"。这是教与学不可违背的"法则"。

3. 解蔽救偏，兼陈中衡

荀子特别重视良好的思想方法和学习心态。他看到在学习过程中人们容易因片面性而妨碍认识事物的全貌。因此他提出了解蔽救偏，兼陈中衡的原则。所谓"蔽"，就是片面性，只看到事物的一个方面或只被事物的一个方面所支配，从而对复杂的事物和现象缺乏全面了解。只有解除其蔽，以救其偏，才能正确认识事物，因此，荀子提出了"解蔽"之法，这便是"兼陈中衡"，也就是说，把所有事物都展示出来，摆列在一起，不偏执于某一事物和事物的某一方面，对事物做全面、广泛的比较、分析、综合，择其所是而弃其所非，以求如实地把握事物及其关系。

这一思想方法含有辩证法的因素，当然，荀子并不知道揭示矛盾、解决矛盾的方法，他权衡事物的标准不是客观实践而是"道"或"礼义"，这就削弱了这种思想方法的积极意义。

4. 虚壹而静，专心有恒

荀子教学特别重视对学习态度的培养，他把学习态度归结为"虚壹而静"，特别强调专心有恒。所谓"虚"，即"不以所已藏害所将受"，就是不要先入为主，不以已有的知识或见解阻碍对新知识的认识和接受。所谓"壹"，即"不以夫一害此一"，就是不一心二用，不以另一项注意妨害这一项注意。所谓"静"，即"不以梦剧乱知"，就是不能用没有根据的胡思乱想或者情感的冲动来扰乱人的理智和思维活动。总之，只有做到虚怀若谷、精神专注、头脑清醒，学习才能取得成效。

荀子特别反对志不专注，用心浮躁。而要想做到"专"，就要持之以恒，不断朝着一个方向努力。荀子说："骐骥一跃，不能十步；驽马十驾，功在不舍。锲而舍之，朽木不折；锲而不舍，金石可镂。"学习就如同雕刻一样，只要坚持不舍，金石也可以镂空。"锲而不舍"的精神是进学修德的有效途径。所以，学生获得知识技能，不取决于愚与敏，如果能不懈地努力，就一定能学有所成。

五、荀子的尊师观

荀子特别推崇教师的地位和作用，竭力倡导尊师。荀子认为，教师的作用是与国家的前途命运相连的。他说："国将兴，必贵师而重傅；国将衰，必贱师而轻傅。"教师的作用关系到国之兴衰，原因在于，"礼"是最高的社会规范，是治国之本，而教师正是传授"礼"和实行"礼"的关键。他说："礼，所以正身也；师，所以正礼也，无礼，何以正身？无师，吾安知礼之为是也？"人无师法，就会任凭恶的本性支配，有师法才有礼教，才能向善。《荀子·礼论》称礼有三本："天地者，生之本也；先祖者，类之本也；君师者，治之本也。"后世将天、地、君、亲、师并列，即由此而出。荀子主张用封建的礼仪来改造人性，从这个目的出发，在学习上首先要求尊师。他说"礼"是用来矫正一个人的思想行为的，教师正是"礼"的传授者和实际榜样；没有"礼"，用什么来矫正自己的思想行为？没有教师，又从何知道"礼"是正确的呢？荀子也是重视书本学习，但他认为书本上的东西毕竟同现实的生活隔着一层。教师则是活的"礼"，学生一方面听教师解说"礼"，一方面又学习教师"礼"的活的榜样。所以荀子说：为学的方法再也没有比接近教师更便利的了。

教师的地位既然如此之高，自然不是人人可以做教师的。他说："师术有四，而博习不与焉。尊严而惮，可以为师；耆艾而信，可以为师；诵说而不陵不犯，可以为师；知微而论，可以为师。"即当教师有四个条件，一般的传习学问，不在其列：一是有尊严，使人敬畏；二是年纪五六十岁，有崇高的威信；三是讲授解说准确适当，不违背师道；四是能体会精微之理且能加以阐发。荀子对教师提出这样高的标准，是与教师崇高的地位相配套的。

　　按照这样的教师价值观，教师在教学过程中必然要处于绝对的主导地位。荀子主张学生必须无条件地服从教师，做到"师云而云"，不能有任何违背师说的言论。即使毕业后，自己也当了教师，也不能把老师的教导抛在脑后，否则就是背叛："言不称师谓之畔，教不称师谓之倍。"这样的要求显然过于苛刻，但它代表着极端尊师的传统流派。

　　荀子主张对教师的要求是十分严格的。他认为教师除必须具备广博的知识和学问之外，还要有尊严、威信，值得敬佩；年高德硕，有丰富的经验和崇高的信誉；教学注意循序渐进，诵说有条不紊；能精通细微的道理，有独到的见解而又能加以发挥。有了这一条件的教师，才能负起教学的重任。学生学成之后，水源本木，永远思念教师的教导。荀子特别强调师德，注重教师的素质，这对我们全面提高教师的素质和水平是有借鉴作用的。他还要求教师以身作则，为学生表率。他还要求教师施教时，注意考察学生才可以跟他说明道理的方向；学生神色听从了，才可以跟他做高深的研究。所以教师不可以跟学生讲而讲，就叫作急躁；可以跟学生讲而不讲叫作隐蔽；不看学生的神气颜色和具体情况就叫作瞎子。荀子说，优秀的教师应该不急躁、不隐蔽、不做瞎子，应谨慎地适应着学生的具体实际情况而进行教学。此外，荀子还认为要能恰当指出学生的缺点、错误，才配称为合格的教师，他的"非我而当者，吾师也"这一名言，已成为我国教师千古传诵的座右铭。

第六节　董仲舒和他的儒教观

一、董仲舒生平

　　董仲舒（前179—前104），汉广川（今河北枣强）人。汉代著名的思想家，政治家，西汉时期著名的唯心主义哲学家和今文经学大师，同时也是一位教育家和儒学大师，有"汉代孔子"之称。

董仲舒生在富贵之家，7岁就上学堂念书，少年时酷爱学习，读起书来常常忘记吃饭和睡觉。他的父亲看在眼里急在心上，为了让孩子能歇歇，决定在屋后修筑一个花园，让孩子能有机会到花园散散心、歇歇脑子。但他以"三年不窥园"的闭门钻研精神钻研儒家典籍，兼习先秦其他名家学说。终于在几年刻苦学习后，学问愈加精深，在中、青年时，就成为当时学问渊博、兼通五经、擅长《春秋公羊传》的专家，成了远近闻名的经学大师。像这样有学问的人当时很受尊敬，许多人拜他为师。由此，他收授门徒很多，在其教学工作中，让一些学习时间较久而学业程度较高的学生，对那些初来受业或学习时间不长而学业程度尚浅的学生进行教学。使学业有成的学生给教师做助教工作，同时也体现教学实习的意义。

公元前140年，汉武帝继位，汉武帝选拔贤良的时候，董仲舒以儒学博士的身份接受了他的亲自策问。他逐一回答了汉武帝的关于治理国家的思想理论和方略的三个策问，这就是历史上有名的"天人三策"或"贤良对策"。在这次选拔贤良中，董仲舒一举成名，被汉武帝封为中大夫。

公元前135年，汉王朝在辽东和长陵两地的庙殿遭到雷击后发生了大火。董仲舒在家中草拟了一份奏章，名叫《灾异之记》，他以《春秋》之义和"天人感应"推论这是上天用此火灾来谴告汉王朝有"不义"之处，以及某些"于礼不当"和"在内不正"等情形。其中特别指责汉武帝治国"受亡秦之弊，亡以化之"，宽容许多"骄扬奢侈"和"僭礼"的皇族侯王。草稿刚写完，就被主父偃（汉武帝时大臣）偷走并拿给汉武帝看。汉武帝对于用"天人关系"来说明君权神授的神圣性是赞同的，但用"天人感应"解说这次火灾是天意要烧毁其宗庙，特别是直接谴责到他本人，触犯汉武帝的威严，对此他十分愤怒，于是命人把董仲舒打入大牢，并判处了死刑。后来，董仲舒的学生吕步舒（汉朝的大臣）知道了，苦苦哀求汉武帝，这才免了董仲舒的死罪。其后，任江都易王刘非的国相10年。

元朔四年（前125），董仲舒任胶西王刘端的国相，在胶西王国的相任上，深深感到胶西工骄横恣纵，难于处事，恐怕时间长了会得罪胶西王。特别是他觉得自己从政为官已经20多年，差不多60岁了，一生为官，屡遭政途风险，想回家安度晚年，从事著书和传道。遂于公元前121年辞职回家。

董仲舒退居在家除了治学外，还很关心国家大事。同时汉朝政府也仍然重视他的学问和见解，每次有国家大事，就派专使来征询意见。董仲舒自己经常注意国家的气象、经济与民生等问题，及时地向政府提出建议。如他倡议在关中种麦以利民生。又如他看到大官僚地主富商兼并盘剥人民，以及国家专营盐铁，收益过重而夺民之利，要求"限民名田""盐铁皆归于民""去奴婢，除专杀之威。薄赋敛，省徭役，以宽民力"等主张。虽说这些是为了汉王朝的稳定，但毕竟是有利于国家民生和发展社会生产力的。这表现出董仲舒在某种程度上注意到开发民间工商业和解放奴隶的思想。这是有一定的开放精神和积极意义的。

公元前104年，董仲舒去世，汉武帝亲自为他选择安葬之地，并在陵前修建董子祠。据说出于对董仲舒的尊敬，汉武帝每次经过他的陵园时，30丈之外，便下马步行，随从臣子照例这样做。此后也便形成了一条不成文的规矩：上至达官显贵，下至平民百姓，骑马者，乘轿者，凡经过董仲舒的墓前，都要下来步行。下马陵的名称便由此产生。现在西安南城墙东段内侧，有一条小街道，叫"下马陵街"。它东至和平门，西通柏树林街南口。在这条街偏东北侧就是董仲舒墓所在之地。

董仲舒著作有《春秋繁露》（系后人辑录董仲舒遗文而成书，书名为辑录者所加），有17卷82篇和《董子文集》。

董仲舒在著名的《举贤良对策》中系统地提出了"天人感应""大一统"学说和"诸不在六艺之科、孔子之术者，皆绝其道，勿使并进"。"推明孔氏抑黜百家"的主张为汉武帝所采纳，使儒学成为中国社会正统思想，影响长达 2000 多年。其学以儒家宗法思想为中心，杂以阴阳五行说，把神权、君权、父权、夫权贯穿在一起，形成帝制神学体系。

二、董仲舒论教育思想

董仲舒在著名的《举贤良对策》这本书中，提出了三大文教政策，分别是"罢黜百家，独尊儒术；开创太学，改革选士制度；兴教化，正万民"，这便是历史上著名的"罢黜百家，独尊儒术"，具体内容如下：

1. 罢黜百家，独尊儒术

董仲舒认为，为了保证政治法纪的大一统，必须首先统一思想。他是依据《春秋》"大一统"的思想来阐发了这一见解的，他说："《春秋》大一统者，天地之常经，古今之通谊也。"而当时的弊政恰恰是思想不统一，即所谓"今师异道，人异论，百家殊方，指意不同，是以上亡以持一统，法制数变，下不知所守"。于是，他建议罢黜百家，独尊儒术，以实现思想的统一，即"诸不在六艺之科、孔子之术者，皆绝其道，勿使并进，邪辟之说灭息。然后统纪可一而法度可明，民知所从矣"。绝其道并不一定要取缔各种学术，而是不给它们以发展的条件。通过大力尊崇儒学，给予培养和做官的前途，自然成为大多数士人的追求方向，其他学派也就难以与之"并进"了。

2. 兴学校以养士，行教化美习俗

与独尊儒术相联系，董仲舒提出要兴办学校，培养人才。他认为"不养士而欲求贤，譬犹不（琢）玉而求文采也"。而兴学校的重点是办好中央的太学，太学是"贤士之所关""教化之本原"。他还对如何办好太学提出意见，要求"置明师，以养天下之士"，并加强考核选拔，"数考问以尽其材"。在办好太学的同时，地方教化也很重要。老百姓总是追求物质利益，就像水往下流一样，如果没有堤防，就难免造成灾患，教化就能起到堤防的作用。因此他建议"立太学以教于国，设庠序以化于邑，渐民以仁，摩民以义，节民以礼"，从而达到"教化行而习俗美"的目标。就是说，通过地方办学来推广社会教化，形成良好的社会习俗，对于稳定统治来说具有尤为重要的作用。

3. 重选举以选用贤才

董仲舒认为任官之法十分重要。吏治败坏是同"任子"制、"纳资"捐官和累日取贵、积久致官的做法分不开的。他建议选举贤良，"量材而授官"。董仲舒的建议直接推动了汉代察举制的创立。

三、董仲舒论教育目的

董仲舒认为教育的最终目的是维护统治阶级的利益和统治地位，也就是之所以要兴办教育，是想把教育作为政治的一种工具。

董仲舒鉴于秦王朝对人民实行"严刑峻法"而迅速灭亡的教训，主张实行"德教"。他用天道"阳尊阴卑"的思想，为儒家的"德治"找到了"天意"的根据。他说"天数右阳而不右阴，务德而不务刑"，王者应"承天意以从事，故任德教而不任刑"。又说"教，政之本也；狱，政之末也"，从理论上论证了"任德教而不任刑罚"的治术主张。

董仲舒总结了先秦孟荀两人关于人性善恶的争论，认为人性只是"天"创造人类时赋予的一种先验的素质，这种素质具有善的可能性，也具有恶的可能性，只有通过教育才能使它进而为善。董仲舒吸收了先秦以来关于人性差异论的观点，明确地提出了"性三品"说。他把人性划分为"圣人之性""中民之性""斗筲之性"三个不同的等级。"圣人之性"是绝对的善性，不需教育；"斗筲之性"为天生的恶性，虽教难善。这两部分人在现实生活中都是比较罕见的。"中民之性"代表万民之性，方可

"名性"。"中民之性"就是"有善质而未能善"，只有通过王者的教化才能成善。因此，教育对绝大多数具有"中民之性"的人的发展具有决定性作用，他们是教育的主要对象。而教育的目的便是将这些具有中民之性的地主阶级加以教化，使之成为统治阶级利益的坚决维护者，而在他的观点里，贫苦的劳动人民是被排除在教育之外的，因为他们对统治者的统治不构成威胁，从这里我们也可以看出董仲舒认为教育的终极目的便是维护统治阶级的利益。

四、董仲舒论教育内容

董仲舒重视教学，他说："君子不学，不成其德。"教学的主要任务，在于培养德行。从"独尊儒术"的思想出发，董仲舒所提倡的教学内容也完全儒学化了，他主张以"六艺"（《诗》《书》《礼》《乐》《易》《春秋》）培养人才。他认为各经所起的教育效果不同："六学皆大，而各有所长。《诗》道志，故长于质。《礼》制节，故长于文。《乐》咏德，故长于风。《书》著功，故长于事。《易》本天地，故长于数。《春秋》正是非，故长于治人。"六部教材都有重要的教育价值。

而具体到教学内容，董仲舒认为教学的主体便是道德教育，这也很符合他所提出的教育目的。

1. 德教是立政之本

在董仲舒的社会政治思想中，虽主张教化与刑罚并用，但强调以道德教化为本为主，刑罚为末为辅。他说："教，政之本也；狱，政之末也。""圣人之道，不能独以威势成政，必有教化。"

2. 以"三纲五常"为核心的道德教育内容

所谓教化，就是要实行普遍的儒家伦理道德教育。"三纲五常"是董仲舒伦理思想体系的核心，也是董仲舒道德教育的中心内容。所谓的"王道三纲"："君为臣纲，父为子纲，夫为妻纲。"董仲舒认为王道三纲，可求于天，并用他的"天人感应""阳尊阴卑"的理论对这一思想进行论证。尽管"三纲"思想并非由董仲舒首先提及，但他对此进行了系统论证并使之在教育和伦理实践中产生深刻影响。从此以后，臣忠、子孝、妻顺成为封建社会中最重要的道德规范。

与"三纲"相配合的是"五常"。"五常"即仁、义、礼、智、信，作为道德概念早已提出，但董仲舒把它提升为"五常"之道并做了新的发挥。"三纲"是道德的基本准则，"五常"则是与个体的道德认知、情感、意志、实践等心理、行为能力相关的道德观念。"三纲"与"五常"结合的纲常体系成为中国封建社会道德教育的中心内容。

但是发展到了人类社会的新时期的时候，在劳动人民的地位有了翻天覆地的变化的时候，他的这些束缚人性的理论和观点便站不住脚了，他的这一理论被后人称为"名教"，毛泽东将其概括为君权、族权、夫权，再加上封建迷信的神权，它"代表了全部封建宗法的思想和制度，是束缚中国人民特别是农民的四条极大的绳索"。

3. 道德修养的原则与方法

中国古代教育家对于理想人格的形成大多立足于个人自觉的道德修养，董仲舒也是如此，他提出的道德修养的原则方法反映了他对个体的品德要求。

（1）"以仁安人，以义正我"

董仲舒主张在道德教育中，"治我"要严，待人要宽，"躬自厚而薄责于外"，所以要特别注意"以仁安人，以义正我"。"仁之法在爱人，不在爱我。义之法在正我，不在正人。"他要求以"仁者爱人"的情怀去爱护、关心他人，宽以容众，同时要以义来约束自己，"自攻其恶"，经常自我检查反省，以提高自己的道德修养。

（2）"强勉行道"

董仲舒指出："强勉行道，则德日起而大有功。"就是说，奋勉努力地进行道德修养，德行就能日益显著，取得良好的成效。在"行道"过程中，应"尽小慎微"，采取"众小成多，积小致巨""渐以致之""累善累德"的方法，日积月累，持之以恒，以陶铸崇高的善性。

（3）"必仁且智"

董仲舒在道德教育过程中还提出"必仁且智"的命题，主张道德教育必须做到"仁"与"智"的统一。他突出强调道德修养中情感与认知的统一。"仁者爱人"，但不是一种盲目或无原则的爱，而要靠"智"即道德认知来调节。

（4）重义轻利

董仲舒认为，道德修养的焦点在于对利与义的态度上。他说："天之生人也，使之生义与利。利以养其体，义以养其心。必不得义不能乐，体不得利不能安。"这里的义是体现封建王朝要求的道德规范准则，利是指能满足个人欲望的物质财富、权势等。利满足人们的身体器官上的要求，义满足人们心灵精神上的要求，二者不可或缺。但是，董仲舒主张对道义的追求应高于对个人利益的追求，只有这样，人生才能获得高度的和谐和最终的满足。"正其谊（义）不谋其利，明其道不计其功"，是董仲舒对这一道德修养原则总的概括。这一原则对中国封建社会的伦理道德教育曾经产生过重要的影响。

五、董仲舒论教学方法

对于教学的方法，董仲舒也提出了自己的观点，形成了自己的一套理论体系。

1. 强勉学问

董仲舒认为教学贵在强勉努力，刻苦钻研，才能达到"博"与"明"的境地。他说："事在强勉而已矣！强勉学问，则闻见博而知益明。"不论是治学还是修德，都需要发挥"强勉"精神，才能成功。

2. 节博合宜

董仲舒认为教学要注意处理好"节"与"博"的关系，学习不能"太博"，也不能"太节"，"太节则知暗，太博则业厌"。太节会使知识暗昧，太博又会使人厌倦，应该节博合宜，节博结合，循序渐进。

3. 专一虚静

他认为学习必须专一，始终好善求义，才能知"天道"。他说："目不能二视，耳不能二听，手不能二事，一手画方，一手画圆，莫能成。……是故君子贱二而贵一。人孰无善？善不一，故不足以立身。"只有心志专一，才能保持高度的学习效率。他又说："形静而志虚者，精气之所趋也。"学习时要头脑冷静，排除杂念，虚心以求。

六、董仲舒论教学的作用

人性学说是董仲舒论述教育作用的理论依据。他认为人性是"天"赋予人的一种素质。天有阴阳，人性也相应地包含性与情两种成分，即性属阳，是仁的、善的；情属阴，是贪的、恶的。而善的成分并非就是善德，它必须通过教育，才能继续发展成为人的善德，即所谓"性非教化不成"。可见，董仲舒认为人性中兼有善恶的因素，教育的作用就是发展人性，使人成为善人。

同时，董仲舒认为，教育的任务应由"承天意"的帝王来承担。可见，他把教育看成王者的权力，以树立君主的绝对权威。董仲舒关于人性以及教育作用的思想，立足于以占绝大多数的普通人为对象，主要是为其

"任德教而不任刑罚"的政治主张提供理论依据，同时又留有推崇圣贤和镇压所谓恶人的余地。

七、董仲舒论对教师的要求

董仲舒认为一个优秀的教师，在教学中要注意言传身教，即所谓"善为师者，既美其道，有（又）慎其行"。要掌握时机及时施教，要根据学生的实际，掌握教学分量和进度，即要做到"齐（剂）（调和、调节）时早晚，任多少，适疾徐"。要循序渐进（"造而勿趋"）。要勤于考核、督促，但又不能让学生感到苦不堪言，挫伤了其学习的积极性（"稽而勿苦"）。要观察了解学生，因材施教（"省其所为，而成其所湛"）。这样，就可以轻松地达到教育的目的。董仲舒将这样的教育称为"圣化"。他继承和发展了儒家的教学思想，强调在教学过程中，教师要注意言传身教，遵循教育规律，使教学出神入化，从而取得良好的教育效果。

第七节　韩愈和他的《师说》

一、韩愈生平

韩愈（768—824），字退之，唐代文学家、哲学家、思想家，河阳（今河南省焦作孟州市）人，汉族。祖籍河北昌黎，世称韩昌黎。晚年任吏部侍郎，又称韩吏部。谥号"文"，又称韩文公。他与柳宗元同为唐代古文运动的倡导者，主张学习先秦两汉的散文语言，破骈为散，扩大文言文的表达功能。宋代苏轼称他"文起八代之衰"，明人推他为唐宋八大家之首，与柳宗元并称"韩柳"，有"文章巨公"和"百代文宗"之名，作品都收在《昌黎先生集》里。韩愈在思想上是中国"道统"观念的确立者，是尊儒反佛的里程碑式人物。

韩愈不仅是伟大的文学家和政治家，而且也是伟大的教育家。他的教育思想对后世影响深远，被后人尊奉为伟大的教育家。韩愈作为一位正直且有抱负的文人，是主张儒家积极入世的观点的。他在参与政治的过程中深刻认识到教育问题对于封建统治的重要性，因而他对教育问题十分关注，终其一生都在努力思索人才问题，并积极投身教育事业。他在教育实践中投入了大量的心血，对教育事业的发展与进步做出了突出贡献。其事迹如下：在其做四门博士、国子祭酒期间不停地四处讲学，激励提携后学；在其任潮州刺史期间捐资助学，大力兴办乡校，促进了潮州教育事业的飞速发展。韩愈所留下来的教育论著比较系统地论述了人才与教育问题的各个方面，其中许多都是具有建设性的观点。从其主要的著作中，我们可以把韩愈的教育思想大体归纳为以下几个方面：为实现"古道"而提出的教育目的的学说；与其人性论观点相联系的关于教育作用的学说；尊师重道的"师说"；在《进学解》里及其长期教育实践活动中总结出来的教学经验。

韩愈在教育史上最突出的贡献是他关于"师道"的论述。在其众多的著作中，《师说》一文被世人公认为是韩愈最重要的教育理论著作。其中蕴含的思想构成了韩愈教育思想的精髓。

二、韩愈论教育目的

教育目的主要指培养目标，即人才的规格。人才的培养实质上就是教育的过程。韩愈所认为的教育的目的也就是他个人的人才观。要研究韩愈的人才观，我们首先要弄清楚韩愈认为什么是人才这一基本问题，亦即人才在韩愈思想中有怎样的规定性。但在其著作中韩愈并没有对人才这一概念下过明确的定义，因此本文只能从其留下的主要著作中来窥知其梗概。

现摘引有关材料如下：

在《与汝州卢郎中论荐侯喜状》中，韩愈称侯喜"为文甚古，气志甚坚。行止取舍，有士君子之操……观其为文，未尝不掩卷长叹"。

在《举张正甫自代状》中，韩愈称赞张正甫"正直之性，怀刚毅之姿。嫉恶如仇雠，见善若饥渴。备更内外，灼有名声。年齿未高，气力逾励。甘贫苦节，不愧神明，可谓古之老成，朝之硕德"。

在《举韩泰自代状》中，韩愈称赞"他词学优长，才器端实，早登科第，亦更台省。往因过犯贬黜，至今十五余年。自领漳州，悉心为治。官吏惩惧，不敢为非；百姓安宁，并得其所"。

在《柳子厚墓志铭》中，韩愈赞许柳宗元"少精敏，无不通达……俊杰廉悍，议论证据今古，出入经史百子，踔厉风发，率常屈其座人"。在《柳州罗池庙碑》中韩氏叙述了柳宗元的政绩，对柳宗元在柳州刺史任上"能泽其民"的治才，表示钦佩。

在《荐张籍状》中，韩愈称赞张籍"学有师法，文多古风，沉默静退，介然自守。声华行实，光映儒林"。

在《樊宗师状》中，韩愈称赞他"孝有忠信，可以厚风俗；勤于艺学，多所通解，议论平正有经据，可以备问；谨洁和敏，持身甚苦，遇物仁恕，有材有识，可任以事"。

综观以上诸材料，人才这个概念在韩愈那里有多方面内容：（1）政治才能：如韩泰之治漳州与柳宗元之治柳州都受到韩愈的热情称赞，可见政治才能作为人才的基本素质备受其推崇。（2）博学能文：韩愈所赞赏的众多人物都是具备渊博知识和文学创作能力的才俊。（3）尤重德行：韩愈非常重视人的道德修养，在其眼中德行才是人才最重要、最基本的因素。综上，我们可以归结为德行与艺业两个方面。我们可以进一步把韩愈对人才的要求概括为：忠君、清政、兼礼法、继传统。为此，韩愈阐发了《大学》中"修身齐家治国平天下"的观点，进一步将其培养目标标准化。韩愈在《原道》里引用了《大学》里的一段重要的话："古之欲明明德于天下者，先治其国；欲治其国者，先齐其家；欲齐其家者，先修其身；欲修其身者，先正其心；欲正其心，先诚其意。"然则"古之所谓正心而诚其意者，将以有为也"。这段话的意思是将修身养性看成是万事之本，强调"诚意""正心"的目的是"齐家""治国""平天下"。自韩愈起，《大学》的地位逐渐被提高了。宋朝以后，《大学》便成为独立的儒家经典，被列为"四书"之一。

韩愈所说的"清政"，是指为官要廉政，政治要清明，能除弊抑暴。这主要体现人才的政治才能。提出这一要求的目的是维护封建统治进而巩固封建国家政权。

"兼礼法"中的"礼"指的是封建等级制度。"仁"与"礼"是儒家思想中相辅相成、互为一体的两个方面。礼乐与刑政是治国之方的两个方面，两者不能偏废。他把两者并提可见其思想的深刻。他奉"六经"又通百家，是文人又兼官僚，修文事也治军事。因此在治国问题上，他主张儒经与法律兼顾，刑政与教化并重。礼乐是指思想文化、行为举止方面，刑政是指政治法律方面。在治国上两者相辅相成，不可或缺。

"传统"就是指儒家之"道"，也就是指体现"三纲""六纪"的封建等级制度、伦常道德和行为礼仪。

在上述诸标准中，忠君是核心内容，清政、兼礼法、重传统等都是忠君思想的必然要求。儒生如具备了这些品德，就可齐家治国平天下了。

同时韩愈认为人的才能各有不同，因而其用也有差异。在《进学解》中，他说"夫大木为杗，细木为桷，欂、栌、侏儒，椳、闑、扂、楔，各得其宜，施以成室者，匠氏之工也。玉札、丹砂、赤箭、青芝、牛溲、马勃，败鼓之皮，俱收并蓄，待用无遗者，医师之良也。登明选公，杂进巧拙，纡馀为妍，卓荦为杰，校短量长，惟器适用者，宰相之方也"。他以木材和药材为例来说明人才问题。木材与药材是有不同特点的，因而其用途也是不同的。人才也是如此，因而是不能齐一等同的。这种观点无论在当时还是在现在来看无疑都是正确的。

韩愈深知人才对于封建统治的重要性，因而他希望统治阶级能很好地培养和选拔人才，从而使人才能更好地为封建统治服务。韩愈所追求的人才理想是"士得其所"。在《马说》中，他用识马的道理来表明识别人才的重要性。他认为天下有贤士，四海之内定有其秀，关键在于"千里马常有，而伯乐不常有"。正是由于统治者不识才、不惜才，才致使大量的人才被埋没。这是其基于自己"四举于礼部乃一得，三选于吏部卒无成"的切身体会。这一建议同样也是有建设意义的，在当今仍具有现实意义。他认为人才就应有别于常人，而受到特别的优待与赏识。只有优待与善待人才，给人才以应有的理解与尊重，人才才能够为我所用。这一点对于我们今天的领导者在培养、选拔、任用人才时具有十分重要的参考价值。

三、韩愈论教育作用

这里所说的教育作用是指教育在发掘人性上的作用。韩愈关于教育作用的观点是建立在其"性三品"学说上的，对于人性问题，我国古代许多的教育家、思想家都有谈及。就儒家而言，在韩愈之前就有"性善""性恶""性三品"等学说。他们谈论"人性"的目的是为其封建统治寻找理论依据，其根本目的是为封建统治服务。他们认为统治阶级均受命于天，生来就是"治人者"，劳苦大众生来就是"愚"的、"恶"的，是"治于人者"。韩愈是典型的"性三品"论者。他写了《原性》一文，表达了其这一人性论的基本观点。就其根源来说，他的"性三品"学说是直接继承于董仲舒的"性三品"学说的。他说："性也者，与生俱生也；情也者，接与物而生也。"他把性与情并提，并把"性"作为"情"的基础。其中人"性"中包括"仁、义、礼、智、信"等五德。"性"分上、中、下三品：上品的人"善焉"，以仁德为主，中品的人"可导而上下也"，而下品的人则是"恶焉"。他认为性之外还有"情"，"情"是"接于物而生的"，它包括"喜、怒、哀、惧、爱、恶、欲"等七情。情是与性相对的，它也是分上、中、下三品的。他认为具有上品性的人，七情的表现都能"适中"；具有中品性的人，是要求其七情适中的，但往往却"有所甚""有所亡"，即"过"与"不及"，而不能恰如其分；具有下品性的人则"直情而行"，毫不加以控制。他的"性三品"学说奠定了其教育学说的理论基础。

他与"性三品"学说相联系的教育作用观点：人性决定教育所起的作用，教育对不同的人是起不同的作用的。教育虽然有重要作用，但教育并不起决定性的作用。他说"上之性就学而愈明""中焉可导而上下""下之性畏威而寡罪"。他认为"三品"的人，都固定在天生的"品"的界限内，"品"是"不移"的。在"品"的内部，可用教化和刑罚使人发生一定的改变。而教育的作用就是在既定的"品"之内使"性"发生移动。韩愈的"性三品"学说坚持具有上下品的人的"品"是不可移的，教育对"下品"的人是不起作用的，"下品"的人只能用刑罚来使之畏惧，使其收敛其恶行。这样一来，势必造成教育的作用要受到很大的限制。这也是其教育思想中的一大明显的缺憾与局限。

四、韩愈论教学经验

韩愈关于学生学习方面的教学经验主要有：

1. 学业的精进在于勤勉

关于学生如何"进学"的问题，韩愈在《进学解》中提出的第一句名言就是："业精于勤，荒于嬉；行成于思，毁于随。"这是他治学多年宝贵经验的结晶，也是他对先人治学经验的总结。意思是说学业的精进在于勤奋刻苦，学业的荒废在于嬉戏游乐；为人行事的成功在于深思熟虑，而败毁在于因循苟且。在这里，他要求学生在业务方面要"精"，在德行方面要"成"，而达到"精"和"成"的唯一方法，就是"勤"和"思"；反之，如果嬉游终日，不勤奋用功，那么学业就会荒废；如果随随便便，不认真思考，那么德行就会毁堕。"诗书勤乃有，不勤腹空空。"这些虽然都是极平凡的道理，但是它却揭示出学习的客观规律。同时他还叙述了他自己为学之勤已达到"焚膏油以继晷，恒兀兀以穷年"的地步。韩愈用最明确、形象、精练的语言把这一学习经验固定下来。这对后世人们的学习和思想修养产生了极为有利的影响，甚至变成了人们的座右铭。自古以来，凡是在学业上有成就的人都离不开这两条宝贵的经验。韩愈自身的成功不正说明了这一经验的价值。他之所以能在文学方面有极其高深的造诣，恰恰就是依靠这两条经验。

2. 在博的基础上求精

韩愈在教学实践中领悟到博与精的辩证关系。博与精是辩证统一的关系：没有博，也就没有精；没有精，博就是一种大杂烩。韩愈一方面强调"贪多务得，细大不涓"，另一方面又要求讲究精约，提出"记事者必提其要，纂言者必勾其玄"。

韩愈还提出学习要讲究系统性。他反对"学虽勤而不由其统，言虽多不要其中"的学习方法。所谓"不由其统"，就是不由系统方面着手，只是掌握一些支离破碎的知识，不能形成知识系统。严格来说，这样的知识是没有用的，也是很容易忘记的。所谓"不要其中"是指不能抓住问题的关键所在，而仅仅去关注一些细枝末节及一些无关痛痒之处。进而提出要"勾其玄""提其要"的学习方法即要注重学习的系统性。

3. 把学习和独创结合起来

韩愈认为师古圣贤人，要师其意不师其辞。以古人为师不必拘泥于章句文辞，而是要学习古人文章中的思想、方法。如果只知道背诵、模仿古圣贤人的陈词滥调，那么到头来只不过是一个剽贼罢了，即所谓"降而不能乃剽贼"。他赞成吸取前人的优秀成果，但反对沿袭剽窃。他不屑于"踵长途之促促，窥陈编以盗窃"的行为。他认为那种谨小慎微地追随世俗和没有创见地抄袭一些陈年书籍是没有出息的。他主张万事要有自己的真知灼见，能"抒言立意，自成一家心语"，从而达到"闳其中而肆其外"的境界。他十分欣赏有创造性和有个人见解的人，"能者非他，能自树立，不因循者是也"。韩愈自身就是其教育经验的实践者。韩愈的文章能造语生新，风格独具，自成一家，就得益于其能很好地把学习与独创结合起来。

韩愈关于教师教学方面的教学经验主要有：

1. 重视因材施教

这一观点是建立在人的才能各不相同这一人才观之上的。他认为人的能力、特点是不相同的，因而教学时要根据学生的具体情况来具体加以对待。他以工匠使用木材为例来说明了这一观点。最重要的是他还进一步把因材施教与因才使用紧密地结合起来。这一教学经验至今仍为广大的教育工作者普遍认同，并被他们进一步运用于实际的教学中。

2. 教学方法的生动活泼

韩愈在教学方法上注重生动活泼。他说："讲评孜孜，以磨诸生，恐不完美，游以恢笑啸歌，使皆醉义忘归。"教学是一种感情艺术，因而教学语言的生动性与教学的严肃性并不是对立的。对其学生张籍对他这一问题的批评，他曾经这样辩解道；"驳杂之讥，前书尽之吾子复之，昔夫子犹有所戏。《诗》不云乎：善戏谑兮，不为虐兮。《记》曰：张而不弛，文武不能也。恶害于道哉？吾子其未之思乎！"教学的生动性并不影响教学内容的思想性，这是他多年教学经验得出的精辟的论断。试想一个对教育学生漠不关心的人，他是不可能去想如何使课堂活跃起来这一类问题的。他能实现教学活动生动活泼、不拘俗套的原因正是在于他能"抗颜为师""以师自任"及对教育事业充满了深厚感情。

3. 写作教学上的创见

在写作教学上，韩愈也是十分有见地的。他从"文以载道"观点出发，主张"以道弘文"。他认为文是手段，道是目的，文是形式，道是内容，文是为道服务的。他认为"道盛则气盛，气盛则文昌，文以贯道，文以明道，文以载道"。他还认为写文章要奇雄简约，浩浩荡荡，形成一种势不可当之势。因而他的文章能自成体系，形成所谓"韩文"派，对后世的文学发展影响深远。

总之，韩愈的教育思想流传至今仍具有旺盛的生命力，值得我们进行深入的学习、认真的研讨与大胆的借鉴。现代教育是指以培养现代社会所需要的现代人才为宗旨的教育。它的目标已凸显出素质教育、通才教育、创造教育、个性教育等特征。这同时也就对教育工作者提出了更高的要求。对此，我们将如何应对？我们只有大胆地借鉴古今中外先进的教学理念与教学方法，才能应对现代教育的新挑战。韩愈的教育思想中有许多的教育理念和教育方法是与现代教育目标相契合的，因此我们研究其教育思想的目的就在于要找出这些契合之处，使韩愈的教学思想能为我所用，为现代教育服务。

五、韩愈和他的《师说》

唐德宗贞元十八年（802），社会上存在着严重的"耻学于师"的不良风气，而且这种风气从魏晋开始已流传几百年了，"师道之不闻也久矣"。这种风气并已严重影响到了教育的发展与社会的进步。当时韩愈刚进国子监当四门博士，为改变这种不良风气恢复师道，不仅自己敢于"抗颜为师"，而且作《师说》劝诫世人要尊师重道。当时柳宗元对韩愈的这种行为给予了高度的评价：在"师道不存的情况下，唯独韩愈不顾流俗，犯笑侮，收召后学，作《师说》，因抗颜而为师"。从中可见当时此文的写作，是需要怎样的勇气和魄力。《师说》是我国教育史上第一篇比较全面地从理论上论述"师道"的文章，其历史影响极其深远。此后许多教育家都对此发表评论。它的思想意义更在于它继承并发展了前人关于师道的观点，为我国教育思想的发展提供了新的比较进步的见解。《师说》中精湛的思想一直影响着此后历代教育工作者。它是我国古代教育史中非常珍贵的一份教育文献与遗产。

《师说》中所论述的师道观大体可归纳为以下几个方面：

1. 教师的任务

韩愈说："古之学者必有师，师者所以传道受业解惑也。"意思是说，古代求学的人一定有老师，老师的职责是传授道理，教导学业，解除疑惑。人不是生来就懂道理有知识的，谁能没有疑难问题呢？有疑难问题却不去请教老师，那些疑难问题终究得不到解决啊！他的所谓"传道"，是指传授儒家的道统，传授儒家的修身、齐家、治国、平天下之道义，对学生进行当时的政治思想教育和道德教育；他的所谓"受业"，是指教授古文典籍和儒家经典，使学生掌握一定的古籍文献、具有一定的读写能力，受到文化知识技能方面的教育；他的所谓"解惑"，是指教师在教学过程中不断解答学生在"道"与"业"两方面的疑惑。他认为这三项是教师的基本任务，而这三项任务是紧密相连的。但是应以传道为第一位，受业为第二位，传道是主导方面，受业是从属方面，"道"统率"业"，"业"体现"道"。在他看来，教师的任务重在传道，古文、六经之类只不过是载道的工具；受业是为传道服务的，传道是通过受业来完成的，如果教师认为自己的任务只是教学生识字、读书而不去传道，那是因"小"而失"大"，忘记了自己的根本任务。很明显，韩愈重师是为了卫道，强调教师的基本任务是为恢复儒道的传统。我们今天的教师仍具有传道、受业、解惑的任务。虽然同韩愈讲的"道"与"业"有本质的不同，但他所分析的教师的基本任务仍是很有意义的，把"传道"作为第一位的任务，把"受业"当作第二位的任务，还把"解惑"提到应有的地位，这样排列也是明确的。这里不仅包含了在传道、受业、解惑的整个教学过程中，教师应起主导作用的意思，而且还包含寓德育于智育之中、德育通过智育进行的思想。

2. 教师的标准

韩愈反对以社会地位和年龄资历作为择师标准。他说，无论社会地位是高或是低，无论年龄是大或是小，谁掌握了道，谁是教师，如果一个教师不掌握"道"，那就不称其为教师。学生"从师"，是"从师道"，是向教师学习其道。学生追求的是道理，何必一定计较教师的年龄比我大或者比我小，出生在我先或者后呢？所以不论地位高低，不论年龄大小，谁掌握了道，谁就有担任教师的资格。为人师，必须忠于道，必须传道卫道；而传道又是通过受业来实现的。所以衡量教师的标准，首先是"道"，其次是"业"。凡是具备了"道"与"业"的，就具备了做教师的基本条件。因此，作为教师就应当在"道"与"业"两个方面加强自己的修养。他的这种看法，也是有价值的。

3. 师生关系

韩愈不仅把"道"与"业"作为衡量教师的标准，而且还指出在此标准下，师与生的关系应随着各自对"道"与"业"的掌握情况而确定。这就是说，谁先掌握了"道"，谁就可以为师；谁先具有学问专长，谁就可以为师，而不必顾及其他条件。这样韩愈就首次明确地提出相互为师、能者为师的新型师生关系。他认为师生之间关系是相对的，有条件的，可以转化的，所以说弟子不一定不如老师，老师不一定就比学生贤能，只不过掌握"道"有先有后的不同，术业有专长、不专长的区别，就是这样罢了。韩愈的这一思想是很深刻的，不仅说明教师不一定是万能的人，不一定是完人，破除了对教师的盲目迷信，解除了"弟子必不如师，师不必贤于弟子"的老教条；而且把千余年来"尊师重道"的关系做了新的解释，提出了"道"重于"师",重道而尊师的见解,这在一定程度上反映了以"先觉"觉"后觉",以"知"教"不知"的这一教学过程和知识积累的客观规律,这是"教学相长"思想的新发展。

韩愈反对生而知之,强调后天学习的重要性,强调文化继承和知识传授的必要性。他甚至提出:"圣人之所以为圣,愚人之所以为愚,其皆出乎此乎!"即肯定"圣"与"愚"的根本原因不在于先天,而在于后天肯于问道。他提出"巫医乐师百工之人,不耻相师",即下等人也有值得上等人学习之处,这就是提倡人们要向道行高尚、学有专长的人学习,堤倡相互为师、谁在某一方面比自己强就拜他为师。这既是"能者为师"的思想,又有"教学为长"的含义,他的这种观点,有利于扩大师资的来源,有利于人才的培养。

总之,韩愈在阐述教师的任务、教师的标准及师生关系的问题中,看到了道与师、道与业、道与生之间的既矛盾又统一的关系,包含了朴素辩证法的因素。他提出了教师既应忠于理想、传播真理,又要学有专长、认真授课。他暗示了教师既要起主导作用,又要重视教学相长、能者为师。这些卓越的见解,不但大大丰富了我国古代的教育思想,而且对我们今天正确理解教师的职责,正确处理政治与业务、德育与智育、教书与育人、教师与学生之间的关系,也具有一定的参考价值。唐代以后的教育家,曾以《续师说》《广师说》等为题,发表了对师道问题的见解,这多是受韩愈的师道观的启发和影响。

第八节　柳宗元和他的师道观

一、柳宗元生平

柳宗元（773—819），字子厚,河东人（今山西省永济市）。21 岁中进士，26岁又考中博学鸿词科，授集贤殿书院正字，即校书郎，在京师任官期间诚恳地指导过许多后学者。后来参加过王叔文等人发起永贞"革新"活动，"革新"运动失败，被贬为永州司马，后被贬到更远的柳州。柳宗元与韩愈是同时期的著名文学家、思想家，以"文以明道"与韩愈的"文以载道"相呼应，共同推动古文运动的开展。二人在政治立场、思想观点上则有许多差异甚至对立，但并没有影响他们的友情，被誉为"君子之交"的典范。

柳宗元的著作收集在《柳河东集》中。柳宗元对教育的最大贡献体现在他的师道观。

二、柳宗元"顺天致性"的发展观

柳宗元认为天下万物的生长都有自身的发展规律，必须顺应自然规律，否则不仅徒劳无益，还会造成损害。他在《种树郭橐驼传》中谈到一位种树能手郭橐驼，其经验诀窍却非常简单，就是："顺木之天，以致其性。"也就是要顺应树木生长的天性，而"不害其长"。只要营造了良好的生长环境，就可以"勿动勿虑，去不复顾"。一般人种不好树，往往是因为"爱之太恩，忧之太勤，且视而暮抚"，"甚者爪其肤以验其生枯，摇其本以观其疏密"。这样，"虽曰爱之，其实害之"。

柳宗元认为，育人和种树的道理是一样的，育人同样要顺应人的发展规律，而不能凭着主观愿望和情感恣意干预和灌输。但又不是放任自流，提供发展的良好环境和动力是必要的。他说："善言天爵者，不必在道德忠信，明与志而已矣。""明"就是明确方向，"志"就是坚定不移，有了这两点，人就可以"尽力于所及"，而使自己"备四德"，又何必要别人喋喋不休地向他灌输那些教条呢？这种自然主义的教育观是有强烈的启迪性的。

三、柳宗元和他的师道观

柳宗元赞赏韩愈的《师说》之论，也钦佩韩愈不顾流俗、勇于为师的精神，对当时社会上层士大夫"耻于相师"的风气感到痛心。他说："举世不师，故道益离。"但他在师道观上又有自己的见解和实施方式。他写下了《师友箴》《答韦中立论师道书》《答严厚舆秀才论为师道书》等文章，阐述了自己的师道观。其核心观点就是"交以为师"。

柳宗元强调从师、尊师的重要性，能明确指出当时社会上存在着一种怪异现象，就是为人师者常遭众人讥笑，他呼吁社会上应树立尊师的良好风尚，人人懂得："如不从师，则吾无以进。"他十分敬佩韩愈勇为人师的精神，同情韩愈的不幸遭遇。他说：自魏晋以下，人们越发不愿做老师。当今之世，没有听说还有老师。如果有，人们便讥笑他，认为是狂人。唯独韩愈奋然不顾庸俗之间，冒着他人的讥笑侮辱，招收后生，作了《师说》，于是严正不屈地做起老师来。世人果然群居怪异笑骂他，手指目盯，还增加了种种诋毁的话，韩愈由此得了狂人之名。住在长安，不等坐稳就带上行李，匆匆奔向东去，像这样已不止一次了。

尊师、从师十分重要，为人师表又不容易。柳宗元对教师的要求是严格的，他认为教师应当是道、业兼备，德、才俱全，尤其应当把道德放在首位。他说：正道在身，即使是奴仆或乞丐，也可拜为师友；正道不存，即使是达官贵人，也不能以师友相称。那些专重文辞，墨守古训的"章句师"是不足为人称道的。那种热衷于以神怪之事，荒诞之辞炫耀，诱惑于人者，不仅无益于后生，反而坑害了他们，好比以"文锦覆陷阱"，更不能为人师表了。

柳宗元非常重视教师的作用，但又多次谢绝别人拜他为师的请求，这是什么原因呢？其原因是相当复杂的。一方面是因为他为人谦虚谨慎，他自称自己的德行不厚重，学业也甚浅近，不足以为人师，顾"惧而不为"。他不愿任师之名，可说是他谨慎谦虚，也是他把师道看得特别重；另一方面，他又觉得自己是一个贬官罪人的身份，常受到政敌种种造谣污蔑，如果再大张旗鼓招收学生，更会为政敌提供攻击的资料，且牵连于学生，"防受后事之累"，表现了他对青年学生的高度负责精神。然而更重要的原因在于他认为关键是求师之实，而不在于务师之名。实际上他却一直竭诚地指导许多青年后生的学习，默默地承担起教师的崇高责任。他所拒绝的只是师、弟子之名，不敢接受以尊师之礼来对待。他说，如果有人要求和我讨论政治、历史、学术与写作，那怎能白眼相待，闭口不理呢？若免去所谓师、弟子的虚名，而保持着实际上的师友关系，取长补短，相互为师，那么既免除了世俗的麻烦，彼此又可得到教益，古往今来凡是追求真理的人，是没有一个不愿意这样做的，他这种力避为师之名，主张"交以为师"的见解是十分深刻的。

"交以为师"包含着师生之间可以互相学习、共同研讨、取长补短、教学相长的思想。他认为真心求道习业，随处可见，不必固定一人为师，师生的界限也不应是绝对的。在现存的《柳河东集》中他回答青年后生问学求教的书信就有数十封，这是他与青年后生互相学习、共同研讨、交以为师的记录，他从不以此自夸。他给学生回信说："我的回答有可取处还是没有可取之处，供你参考、抉择，闲暇时写信告知我。如果经常来推广为文之道，虽然对你没有什么受益，对我却裨益不少了，又何必称呼老师呢？摄取它的实质，去掉它的虚名，不致招致南粤、蜀地群犬的犬怪，而为外延的人所讥笑，那就幸运了。"

"交以为师"，并不是主张放弃教师的责任，更不是宽容、迁就学生的缺点和错误。有个青年叫沈起，写信求教并附诗50余首，柳宗元发现沈起有单纯追求辞藻华丽、迷恋形式主义的倾向，立即写信提醒这位青年文风要正，告诫青年不要以此害人又误己。有的青年急于成名，并请柳宗元予以"推荐"，柳宗元回信时批判了社会上的"交贵势、侍亲戚"的不正之风，告诫青年应认真读书修得敬业，扎扎实实，不要急于求成，"勿务速显"，要接近道义，不要远离道义。他这种对青年认真负责、严肃诚恳的教育是值得称道的。他还赞赏当时国子学司业阳城"能并容善伪，来者不拒"的精神，反对只教育好学生而拒绝、排斥有缺点的学生的做法。他认为即使孔子、曾子、孟子等圣贤大儒的门下，也有较差的学生，而这些较差的学生并非一无是处，而是各有所长。对好学生，固然有教育的责任，并可"交以为师"，互相学习。对暂时后进有些缺点的学生，更应有教育的责任，亦可"交以为师"，也有可资供教师学习之处，不应冷漠，鄙视而拒之于门外。

柳宗元的"师有观"，显示了他为人有光明纯洁的胸怀、高尚无私的品质和坚定不移的意志，他憎恶那些沽名钓誉的人，认为只要对人类社会有功，对青年后生有益，不必去计较名之高低。他曾模仿屈原的《离骚》，写过一篇《瓶赋》，文中说人们常误把那些善于投机钻营、损人利己、沽名钓誉之人当作"智者"，其实这种人只是表面上好看，容易博得人们的宠爱，实际上是害人不浅的"鸱夷"（盛酒器）。他说自己宁愿做一个被人们当作"愚者"而实际上对人们做着默默无闻贡献的"瓦瓶"。这表明他所羡慕和追求的正是这种纯洁无私的人，作为一个教师应该有"瓦瓶"的品格和精神，以自己勤奋学得的丰富知识，浇灌一代幼苗，满足人们的求知欲望，就像一只"瓦瓶"从深深的井中打起纯洁的清水，用来解除人们的饥渴，调和各种美味，尽管淡水不甘甜，但永不腐坏，清清白白，从不献媚于人，即使有一天绳断瓶破，瓦瓶又复位泥土，也无所怨恨，因为自己已为别人贡献了一切，是分所应当，何必醉心于那种一时煊赫的虚名呢？宁为"瓦瓶"，不做"鸱夷"，表达了一位教师，一位知识分子的崇高精神境界，这正是柳宗元师友说的思想精蕴之所在。

总之，柳宗元认为人不从师，道业不力，但为人师者应不务为师之名而应求为师之实，师生之间取长补短，"交以为师"，把师生关系变成师友关系，这里包含有学术讨论上的民主平等的精神，比韩愈的"闻道有先后，术业有专攻"的见识又前进了一步。当然，他的"交以为师"的思想是针对有一定学识水平的人而言的，不是针对少年儿童讲的。

第九节　朱熹和他的读书法

一、朱熹生平

朱熹（1130—1200），字元晦，又字仲晦，号晦庵。南宋时著名的思想家、教育家，宋代集理之大成者；也是宋以后一位重要的哲学家和影响深远的教育思想家。

朱熹出身于书香门第，父朱松是二程（北宋理学奠基者洛阳程颢、程颐兄弟两人）的再传弟子罗从彦的学生，朱松以二程思想教育朱熹。具有强烈求知欲和好学不倦的朱熹自 8 岁起即通读儒家经典。他对孔子极为崇敬，曾这样说过："天不生仲尼，万古如长夜。"（《朱子语类》卷九三）

朱熹于 19 岁起考中进士到 69 岁罢官回乡，在半个世纪中从事讲学活动历 40 多个春秋，即使在他五次出任地方官吏期间，也经常从事教育活动。他在任职期间，极力提倡设置州学、县学和书院。如于 24 岁出任福建同安县主簿时，办过县学。知南康军时（治所在今江西庐山市），曾重建白鹿洞书院，并参与讲课和制订了一整套学规。在宋代初年，白鹿洞书院乃全国著名的四大书院之一，是故朱熹对后世书院的影响是十分大的。淳熙十年（1183），又曾在武夷山修建武夷精舍，广收门徒，传播理学。61岁，知福建漳州时，"时诣州学，训诱诸生，如南康时"（《朱子年谱》卷四上）。65 岁高龄，知湖南潭州时，仍提倡州学、县学，修复岳麓书院，且亲临讲学。《朱子年谱》曾这样记述当时他在该书院的讲学情况："先生穷日之力，治郡事甚劳，夜则与诸生讲论，随问而答，略无倦色，多训以切已务实，毋厌卑近，而慕高远，恳恻至，闻者感动。"前来听讲者极众，"座不能容"。

史载，朱熹19岁那年，即绍兴十八年（1148），他与揭阳的郑国翰为同科进士，两人遂成莫逆之交。郑国翰初授福建莆田县令，历任兵部郎中，后由于目睹国事日非，遂辞官归里，修建蓝田书庄于汤坑飞泉岭（今属丰顺县南砾），招生授徒，以"潸"名轩，学者称他为"潸轩先生"。当时，朱熹常至揭阳郑国翰家中做客，且共同讲学于蓝田书庄，宣扬理学，名震四方。据《丰顺县志》载：有一次，他俩同游飞泉岭时，朱熹兴致勃勃，即兴赋七绝一首云："梯云石磴羊肠绕，转阁飞泉碧玉斜。一路风烟春淡泊，数声鸡犬野人家。"同时，朱熹还手书"落漠鸣泉"四字，且榜诸揽胜亭，还镌刻于石壁上。其遗迹至今尚依稀可辨。

宋绍熙五年（1194）8月，经宰相赵汝愚推荐，朱熹被任命为焕章阁侍制兼侍讲，给宁宗（赵扩）皇帝讲学，但仅46天后即被罢免。同年11月，朱熹回到福建考亭（今建阳县）时，曾在此前修建的竹林精舍（后更名为沧州精舍），继续他的教学和著述事业。庆元六年（1200）三月初九日，朱熹病逝，终年71岁。朱熹在长期的教育实践中积累了丰富的教学经验，还亲自编写教学用书，且注释儒家典籍作为教材。其著述共有七八十种之多，其中最著者有《四书集注》《诗集注》《楚辞集注》《通鉴纲目》《晦庵先生朱文公文集》《朱子语类》等，影响巨大。据《鉴略要注》称：到南宋朱熹出，当时"四方仰之如泰山北斗，至谓天下第一人"。朱熹的影响是远远超越了国界的。

二、朱熹论教育的作用和目的

朱熹重视教育对于改变人性的重要作用。他从"理"一元论的客观唯心主义思想出发来解释人性论，提出了人性就是"理"，就是"仁、义、礼、智"封建道德规范的观点。他说："性只是理，以其在人所禀，故谓之性。"

与关于教育作用的思想相连，朱熹主张学校教育的目的在于"明人伦"。他说："古之圣王，设为学校，以教天下之人。……必皆有以去其气质之偏，物欲之蔽，以复其性，以尽其伦而后已焉。"在朱熹看来，要克服"气质之偏"，革尽"物欲之蔽"，以恢复具有的善性，就必须"尽人伦"。所以，他强调"父子有亲，君臣有义，夫妇有别，长幼有序，朋友有信，此人之大伦也。庠、序、学、校皆以明此而已。"在《白鹿洞书院揭示》中，也明确把上述五伦列为"教之目"，置于首位，指出"学者学此而已"。

从教育的目的在于"明人伦"的思想出发，朱熹严厉抨击了当时以科举为目的的学校教育。

他认为："古昔圣贤所以教人为学之意，莫非使之讲明义理以修其身，然后推己及人，非徒欲其务记览、为辞章，以钓声名取利禄而已。"然而，当时的学校教育却反其道而行之，士人"所以求于书，不越乎记诵、训诂、文辞之间，以钓声名，干利禄而已"，完全违背了"先王之学以明人伦为本"的本意。他尖锐地指出：这样的学校，其名"虽或不异乎先王之时，然其师之所以教，弟子之所以学，则皆忘本逐末，怀利去义，而无复先王之意，以故学校之名虽在，而其实不举，其效至于风俗日敝，人材日衰"。因此，他要求改革科举，整顿学校。朱熹针对当时学校教育忽视伦理道德教育，诱使学生"怀利去义"，争名逐利的现实，以及为了改变"风俗日敝，人材日衰"的状况，重新申述和强调"明人伦"的思想，在当时具有一定的积极意义。同时，他对当时学校教育和科举制度的批评也是切中时弊的。

三、朱熹论"小学"和"大学"教育

朱熹在总结前人教育经验和自己教育实践的基础上，基于对人的心理特征的初步认识，把一个人的教育分为"小学"和"大学"两个既有区别又有联系的阶段，并分别提出了两者不同的任务、内容和方法。

8 岁至 15 岁为小学教育阶段。朱熹十分重视这个阶段的教育，认为小学教育的任务是培养"圣贤坯璞"。他说："古者小学已自养得小儿子这里定，已自是圣贤坯璞了了。"同时指出，"蒙养弗端，长益浮靡"，若儿童时期没有打好基础，长大就会做出违背伦理纲常的事，再要弥补，就极为困难了，"而今自小失了，要补填，实是难"。因而，他认为小学教育对一个人的成长非常重要，必须抓紧，抓好。

为了实现上述目标，在教育方法上，朱熹强调以下三点。首先，主张先入为主，及早施教。在朱熹看来，小学儿童"人之幼也，知思未有所主"，很容易受各种思想的影响，而一旦接受了某种"异端邪说"，再教以儒家的伦理道德就会遇到抵触。因而，必须先入为主，及早进行教育，"必使其讲而习之于幼稚之时，使其习与知长，化与心成，而无扞格不胜之患也"。其次，要求形象生动，能激发兴趣。朱熹接受程颐等前辈学者的思想，认为在对小学儿童进行教育时，应力求形象、生动，以激发其兴趣，使之乐于接受。在此思想指导下，他广泛地从经传史籍以及其他论著中采集有关忠君、孝宗、事长、守节、治家等内容的格言、训诫诗、故事等，编成《小学》一书，作为儿童教育用书，广为流传，产生了重要影响。最后，首创以《须知》《学则》的形式来培养儿童道德行为习惯。儿童道德行为习惯的形成有一个从不自觉到逐步自觉的过程。

15 岁以后为大学教育。大学教育是在"小学已成之功"基础上的深化和发展，与小学教育重在"教事"不同，大学教育内容的重点是"教理"，

即重在探究"事物之所以然"。大学教育任务也与小学教育不同。小学教育是培养"圣贤坯璞",大学教育则是在坯璞的基础上"加光饰",再进一步精雕细刻,把他们培养成为对国家有用的人才。他写道:"国家建立学校之官,遍于郡国,盖所以幸教天下之士,使之知所以修身、齐家、治国、平天下之道,而待朝廷之用也。"

在大学教育方法方面,朱熹在长期的教育实践中,积累了许多成功经验,其中有两点值得注意:

其一,重视自学。他曾对学生说:"书用你自去读,道理用你自去究索,某只是做得个引路的人,做得个证明的人,有疑难处同商量而已。"在教师指导下重视学生的自学与研究,确是大学教育中一种重要的方法。

其二,提倡不同学术观点之间的相互交流。朱熹不囿门户之见,进行不同学术观点之间交流的做法,长期以来一直是学术史和教育史上的美谈。

朱熹认为,尽管小学和大学是两个相对独立的教育阶段,具体的任务、内容和方法各不相同,但是,这两个阶段又是有内在联系的,它们的根本目标是一致的。它们之间的区别只是因教育对象的不同而所做的教育阶段的划分,并不是像"薰莸冰炭"那样截然对立。朱熹关于小学和大学教育的见解,反映了人才培养的某些客观规律,为中国古代教育理论的发展增添了新鲜内容。

四、朱熹关于道德教育的思想

道德教育是理学教育的核心,也是朱熹教育思想的重要内容。朱熹十分重视道德教育,主张将道德教育放在教育工作的首位。他说:"德行之于人大矣……士诚知用力于此,则不唯可以修身,而推之可以治人,又可以及夫天下国家。故古之教者,莫不以是为先。"就是说,德行对人有重大意义，不仅可以修身，而且还可以推而广之去治人、治国。因此，古代的教育者都把道德教育置于优先地位。反之，如果缺乏德行而单纯追求知识，人就会像离群的"游骑"，迷失方向，而找不到归宿。

朱熹关于道德教育的方法，可以概括为以下几点：

1. 立志

朱熹认为，志是心之所向，对人的成长至为重要。因此，他要求学者首先应该树立远大的志向。"问为学功夫，以何为先？曰：亦不过如前所说，专在人自立志。"人有了远大的志向，就有了前进的目标，能"一味向前，何患不进"。如果不立志，则目标不明确，前进就没有动力，"直是无著力处"，他说："所谓志者，不是将意气去盖他人，只是直截要学尧、舜。"又说："学者大要立志，才学便要做圣人，是也。"

2. 居敬

朱熹强调"居敬"。他说："敬字工夫，乃圣门第一义，彻头彻尾，不可顷刻间断。"还说："敬之一字，圣学之所以成始而成终者也。为小学者不由乎此，固无以涵养本原，而谨夫洒扫应对进退之节与夫六艺之教。为大学者不由乎此，亦无以开发聪明，进德修业，而致夫明德新民之功也。"由此可见，"居敬"是朱熹重要的道德修养方法。

3. 存养

所谓"存养"就是"存心养性"的简称。朱熹认为每个人都有与生俱来的善性，但同时又有气质之偏和物欲之蔽。因此，需要用"存养"的功夫，来发扬善性，发明本心。他说："如今要下工夫，且须端庄存养，独观昭旷之原。"从另一方面来说，"存养"又是为了不使本心丧失。"圣贤千言万语，只要人不失其本心""心若不存，一身便无主宰"。同时，从道德教育的根本任务来说，"存养"是为了收敛人心，将其安顿在义理上。

4. 省察

"省"是反省，"察"是检察。"省察"即是经常进行自我反省和检查的意思。朱熹认为一个人要搞好自身道德修养，就应当"无时不省察"。在他看来，"凡人之心，不存则亡，而无不存不亡之时。故一息之倾，不加提省之力，则沦于亡而不自觉。天下之事，不是则非，而无不是不非之处。故一事之微，不加精察之功，则陷于恶而不自知"。因此，为了使人心不"沦于亡"，做事不"陷于恶"，经常进行自我反省和检查，是必不可少的。朱熹的这一见解，表明他在道德教育中既强调防微杜渐，同时又重视纠失于后。

5. 力行

朱熹十分重视"力行"。"夫学问岂以他求，不过欲明此理，而力行之耳。""故圣贤教人，必以穷理为先，而力行以终之。"他所说的"力行"，是要求将学到的伦理道德知识付之于自己的实际行动，转化为道德行为。朱熹的这些见解，已经触及道德认识转化为道德行动，道德行动接受道德认识的指导，并检验道德认识的正确与否等这样一些道德教育的基本问题。

朱熹的上述见解，反映了道德教育中某些带规律性的东西，至今仍有可供借鉴之处。

五、朱熹和他的读书法

朱熹一生都很重视读书，他认为"不读书则义理无出明"，认为要穷理必须读书。因为，"天理"的精蕴全在圣贤的书中，因此他认为读书是达到穷理的必经之途。

唐宋印板书流行之后，书的数量越来越多，读书成为获得知识的主要途径，因此读书方法的研究也成为一个重要课题。朱熹对读书方法曾有过详细的阐述，形成了一套所谓"朱子读书法"，其中许多是他一生读书的心得体会和长期以来人们读书的经验总结，颇有一得之见。

朱熹的读书方法，其要点有二：一是"循序渐进"，二是"熟读精思"。

所谓"循序"，就是说应按照需要的缓急、书籍内容的深浅难易程度，依次去读。先读"其大而急者"，然后再读及其他；先读其浅而容易的，然后再读其艰深而难懂的。所谓"渐进"就是说，读书要一步一步地前进，不可能一下子就达到"骤进"，也不应期望于"速成"。

朱熹的"循序渐进"的读书方法，是在前人教育经验和读书经验的基础上发展完善起来的。如《学记》里就说"学不躐等"，要求教学要"不凌节而施"。即教学要循序渐进地进行，不超越学生实际的认知水平。在朱熹看来，读书学习如同登山一样，人们都想要登上山的高处，而要登上山的高处，就必须从低处一步一步地走上去，如果不经过低处，绝不可能一步就走到高处去。因此朱熹说："学不可躐等，不可草率，徒费心力，须依次序，如法理会。"

朱熹是把读书当作一个过程来看待的，他认为读书的过程就犹如"攻坚木"一样，一定要"先其易者而后其节目"，砍伐硬木时，应先砍那容易砍的地方，后砍那关节的地方，经过时间的推移，关节自会迎刃而解。他还把解决疑难问题比作"解乱绳"，在他看来，一时还解决不了的，就"姑置而徐理之"，即留待以后再逐步解决。但对于完成学习任务来说，朱熹却提出了严格的要求，他认为学习要"谨守课程，严格要求"，"字求其训，句索其旨"，"未得乎前，不敢求其后；未通乎此，不敢忘乎彼"，要一个一个地把问题搞清楚。

朱熹认为读书也和上山一样要花费一定的气力，但是要"量力"而行。他说，读书不可贪多，要常使自己力量有余；相反，如果一味贪多，"杂然并行"，力量应付不了，读书就会变成为一种苦恼，成为精神的负担，效果反而不好。因此，他认为读书应该"宽着期限，紧着课程"，即读书计划要从容，读书功夫却要扎实，在足够的时间里，以充沛的精力，抓紧时间，集中用功却不要希望速成。他认为"循序渐进"是一种合乎认识规律的读书方法。在读书过程中，没有量的积累，没有一定时间的渐染功夫，要达到学业上的"骤进"，只能是一种不切实际的幻想。

"循序渐进"要求合理安排读书的先后次序，而"熟读精思"则要求深刻领会书中的思想，关于"熟读精思"，前人已有这方面的经验，如荀子就说过"诵数以贯之，思索以通之"，即要求在诵读之中来求得贯穿，经过思考来求得会通。朱熹则认为"大凡读书须是精读，熟读了自精熟，精熟了理自得见"。他比喻说，就如同吃果子一般，如果劈头咬开就吞下去，是不会尝出它的滋味的，只有经过细细咀嚼，才会品出它的滋味到底是甜是苦还是辛辣，这就叫"知味"。既然果子要细嚼才会尝到它的味道，那么书籍也只有熟读才会真正领略其中的深义。

朱熹认为诵读可以帮助思考。他说，读书之法是读一遍又思量一遍，思量一遍再读一遍。诵读者，所以助其思量，常教此心在上面流转；若只是口里读，心里不思量，无论如何也记不仔细。由此可见，诵读是为了帮助思考，而思考则需要借助于诵读。在诵读的过程中思考，在思考的过程中诵读。只有这样多读诵读，"口诵心维"，才能记得牢固，理解得深刻周详，并可借以发明新义。

"熟读精思"要达到怎样的程度，才符合朱熹的要求呢？朱熹说："大抵观业，先须熟读，使其言皆若出于吾之口，继以精思，使其意皆若出于吾之心，然后可以有得尔。"他认为要熟读到"其言若出于吾之口"，精思到"其意皆若出于吾之心"的程度，才算得到了要求，才能有所收获。而且朱熹认为即使做到了这一点，也并非就此而停止。他认为学习是无止境的，必须不断地"精读"，不停地"精思"，才能不断地有所收获，有所进步。这是一个周而复始的循环过程，"又须疑不止如此，庶几有进"。

"循序渐进"和"熟读精思"是相互联系和相互依存的。"循序渐进"要求依照读书和认识发展的规律一步一步地去掌握知识，而"熟读精思"

则要求在读书和学习的过程中，充分调动各个感知器官的积极性，即既要使音形入于耳眼，声迹存留于口，更关于读书深浅次序的规定，而"熟读精思"则是对读书质量的要求。读书要在"循序渐进"的前提下"熟读精思"，而"循序渐进"的每一环节也都需要贯穿"熟读精思"的方法。

朱熹写过一首绝句，题名为《观书有感》："半亩方塘一鉴开，天光云影共徘徊。问渠那得清如许，为有源头活水来。"写了池塘里因为常有活水流来，没有死水积滞，像明镜一样清澈见底，映照着天光云影。这种境界，同一个人在读书中搞通问题、提高认识时有些相似。朱熹以此比喻读书、学习、做学问也应"通而不塞"，要有源源不断的新认识或新见解来补充，才能使人见识通达，头脑清醒，这个比喻也是十分形象和发人深思的。清新明朗，浑涵自如，对我们今天教育青少年一代如何读书如何学习也有启发意义的。

朱熹还写过一首绝句，题名《观书有感》："昨夜江边春水生，艨艟巨舰一毛轻。向来枉费推移力，此日中流自在行。"所谓艨艟也叫艨冲，指大船；一毛轻，像一片羽毛那样轻飘。中流，指河心。这里说回想早先水浅时船退也推不动，白费了力气；而今江水泛涨，船在江心自由自在地航行，一点也不费劲了。朱熹在这里并没有讲大道理，而是用形象思维方法，描写了事物的变化，让大家自己去体会其中那些和读书、学习知识、掌握本领相沟通的地方。

朱熹写了这两首《观书有感》的绝句，前者描述了一个透明如镜的池塘，它之所以如此清澈，是因为有源头活水的不断流动补充；后者描述了一艘大船在水浅时是难以航行的，只有在春天江水泛涨之后，大船才能在江心深水之中自由自在地航行。这两首诗都以十分形象的比喻说明了只有注重读书方法，学习才能深透灵活，清新宽阔，运用自如，确有成效；只有注重读书方法，把难懂的书读通了的时候，才会产生这两首诗所描述的感觉与感情。

第十节　王守仁和他的"知行合一"

一、王守仁生平

王守仁（1472—1529），汉族，幼名云，字伯安，自号阳明子，世称阳明先生。浙江绍兴府余姚县（今属宁波余姚）人，因曾筑室于会稽山阳明洞，自号阳明子，学者称之为阳明先生，亦称王阳明。明代著名的思想家、文学家、哲学家和军事家，陆王心学之集大成者，精通儒家、道家、佛家。

弘治十二年（1499）进士，历任刑部主事、贵州龙场驿丞、庐陵知县、右佥都御史、南赣巡抚、两广总督等职，晚年官至南京兵部尚书、都察院左都御史。因平定宸濠之乱而被封为新建伯，隆庆年间追赠新建侯。谥文成，故后人又称王文成公。

王守仁（心学集大成者）与孔子（儒学创始人）、孟子（儒学集大成者）、朱熹（理学集大成者）并称孔、孟、朱、王。

王守仁的学说思想王学（阳明学），是明代影响最大的哲学思想。其学术思想传至中国、日本、朝鲜半岛以及东南亚，集立德、立言于一身，成就冠绝有明一代。弟子极众，世称姚江学派。其文章博大昌达，行墨间有俊爽之气。有《王文成公全书》。

王守仁是中国历史上唯一没有争议的立德、立功、立言三不朽的圣人，是曾国藩、梁启超、蒋介石等中外名人的心灵导师。王守仁继承了宋代大儒陆九渊的思想，以自己的体悟加以完善，形成了独具一格的"心学"体系，即"心即理"。他对教育的最大贡献莫过于他的"致良知"和"知行合一"。

二、王守仁"心学"体系主要思想

王守仁认为：心外无理。万事向内求。只有找到无善无恶的心之本体，也就是回归本性，佛家叫"自性"，道家叫"无我"状态，才能正确认识世界万象。心外无物，心外无事，心外无理，是心学思想的出发点。

人通过回归本性，找到本我，就能找到自身的能量来源，这个能量是人的生命能量，不一定被人意识到，也难以被人主动驱使，但是主宰着人的行为动力和方向。人是整个自然宇宙的一分子，人的生命能量与宇宙能量相通，即与天道合一。与天合一的人，生命能量不再被人为地遮盖、阻断和耗散，而是集中而又通畅地流动，因而人的精神状态和身体状态运转良好，整个人生机勃勃，充满精力和活力。王守仁认为这种状态并不是像朱子所说的刻意修为的结果，而是只要把障碍人心的东西去掉就自然会显现。

人由此恢复了生命本性以后，如何就能明天理呢？王守仁有一段经典的格物的举动：有一段时间，他天天坐在竹子面前，要从竹子中穷究出理来。认识竹子当然有多个维度：颜色、形态、性质、味道、气味，甚至竹子拔节生长的声音。所有这些性理无非都是人的感官的认识，它们在人的心里综合形成一个完整的竹子。这都是朱子的认识论。但王守仁认为，如果闭上眼，竹子就失去了形象，只能得到其他属性，如味道、气味、手感等，那它就不再是你睁着眼时看到的竹子了。闭上眼，就是一种障见。他只是用竹子的性理来打比方。他又说，花丛中当你注意其中一朵时，那朵花才明亮起来，你没注意它时，它是暗淡的，当你注意它时，它马上由暗淡变得明亮起来。这就是心外无理。他没说"意识决定物质"，没说我不注意它就不存在。他强调的不是这个。

王守仁不否定天理的存在，而是强调通过人心去发现天理一定先要让心回归本性，纯朴无瑕，不可用障见妨碍心的先天认知功能，导致错误的认识。当心地澄明、毫无偏见地去发现事物之理时，就会逐渐接近事物真相。事物自有其理的存在与推演，你只需做到"无我"地观照，这是王守仁吸收了禅宗的智慧。

他提出这样的认识，是针对当时的社会思想状况。由于儒家被立为国教已经上千年了，发展到明朝时儒家的分支程朱理学达到了新的高度，强调"存天理，灭人欲"，本来是追求客观的认识论，但被统治阶级作为社会规范、伦理道德进行推广，出现了许多偏执的社会现象。哲学一被政治利用，就失去了哲学的公正性。官场上追求理论浮夸不务实，比学历，不比政绩，当官若不是进士出身总是低人一等。皇帝也只能随大流，一方面为士人树立海瑞的清官榜样，一方面对清流派又限制使用，倚重循吏治国。

朱子的理论没有被废掉，但是王守仁的思想加进来了。进入主流意识形态，是他成为圣人的关键一步。

1. 欲修身，先养心

自古以来，圣人们都在为我们讲述一个道理：心为天地万物之主。王守仁在这一点上也不例外，因而他说出了"其发窍之最精处，是人心一点灵明"的深刻道理，在《与杨仕德薛尚谦书》一文中，他写道："破山中贼易，破心中贼难。"说的正是心力对于人的强大作用不可小觑。

身处浮世之中，我们总难免会为了追求物质享受、社会地位和显赫名声等身外之物，这些东西也常常让人感到心力交瘁、疲惫不堪。部分人甚至会怨天尤人、欲逃离其中而不可得，其实这些皆因忽略了自己的内心，不明白万事以修心为先的道理。

2. 欲静心，先戒躁

要说修身养性的最高之境，在于无论面对何事都能不急不躁保持内心的宁静。正如王守仁在《传习录》中提到的："天地气机，元无一息之停。

然有个主宰，故不先不后，不急不缓，虽千变万化而主宰常定，人得此而生。若无主宰，便只是这气奔放，如何不忙？"忙碌是现代社会中大多数人的一种生活状态。不幸的是，与身体的操劳相伴随而来的，还有内心的忙乱急躁、焦虑不堪。所谓"身之主宰便是心"，倘若在忙碌的生活中不能给内心留一份悠闲，而使其深受烦恼与担忧所累，便更难在为人处世之时做到游刃有余、潇洒自在。

3. 欲去焦，先宽心

"如今于凡忿懥等件，只是个物来顺应，不要着一分心思，便心体廓然大公，得其本体之正了。"这句的意思是，如今，对于愤怒等情绪，只要顺其自然，不过分在意，心体自会廓然大公，而实现本体的中正了。依王守仁之见，心胸狭隘的人，只会将自己局限在狭小的空间里，郁郁寡欢；而心胸宽广的人，他的世界会比别人更加开阔。

4. 欲心旷，先求简

王守仁所提倡的"心学"在某种程度上与道家所说的"顺其自然"相仿，但相对于老庄的无为之态，王守仁推崇的是"无为之下的有为"，即以退为进、大道至简的本真心态。圣人做学问追求一种"大道至简"的境界。人活一生也应如此。为什么人们会不厌其烦地去追求那些看似风光，实际上令人身心疲惫的"负担"呢？皆因内心少了一种简单的人生态度。与其困在财富、地位与成就的壁垒中迷惘，不如尝试以一颗简单的心，追求一种简单的生活。

5. 欲简泊，先意诚

"诚字有以工夫说者。诚是心之本体，求复其本位，便是思诚的工夫。"在王守仁看来，人的本心就是真，这世上只有两样事，一件为真，一件为假。求真必然务实，求假自然务虚，虚实之间，体现的不仅是对人的态度，更是对自己的认识。糊弄别人容易，糊弄自己很难。这是个物欲横流、尔虞我诈的社会，当我们想尽一切方法武装外在的自己时，却往往忽略了御敌最强大的武器其实就藏在每个人的胸膛里。

三、王守仁的"致良知"

民间流传着这样一个故事：一天，王守仁与弟子讲学至深夜，一个学生弄不明白良知究竟是什么。突然，房上瓦响，从梁上簌簌地落下一些灰尘。紧接着，门外一阵骚乱，卫兵大喊抓贼。须臾，房门敲开，一个灰头土脸的小偷被卫兵押了进来，等候王守仁发落。王守仁让他们散去，指着小偷对众人说，我把他的良知找出来，你们就明白了。

说着，王守仁向小偷道："把衣服脱了。"众人大惑不解，小偷更是惊惧交加。奈何被抓了现行，身不由己，小偷只得战战兢兢，依言而行。王守仁不停地叫他脱，一直脱到只剩一个裤衩。

这回，任凭疾言厉色，小偷却是死活不肯再脱，并高声喊道："打我也罢，杀我也罢，就是不能再脱。"王守仁问他为何，小偷支支吾吾说不出来。王守仁指着他向众人道，这就是良知。在情感，是羞耻之心，升华到理性的选择就是是非之心——脱外衣可，一丝不挂不可。这才是人之为人的根本。

小偷哭了，给王守仁下跪道："我为生计所迫干此行当，从来就没有人尊重过我，我自己也瞧不起自己。做贼这几年，被人逮住后只有被打被囚的份，从没有人说过我还有良知，只有您还把我当人看，我不能辜负您。今后如果再偷，我自己杀掉自己，宁可去死，也绝不能再偷！"

王守仁叹道："愚不肖者，虽其蔽昧之极，良知又未尝不存也。苟能致之，即与圣人无疑矣。"

这个故事真实性如何尚未得知，但是在其名著《传习录》中有一段话，却可以和这个故事相印证。

《传习录》下载《陈九川录》：

在虔与于中、谦之同侍先生，曰："人胸中各有个圣人，只自信不及，都自埋倒了。"因顾于中曰："尔胸中原是个圣人。"于中起："不敢当。"先生曰："此是尔自家有的，如何要推？"于中又曰："不敢。"先生曰："众人皆有之，况在于中！却何故谦起来，谦亦不得。"于中乃笑受。又论："良知在人，随你如何，不能泯灭，虽盗贼，亦自知不当为盗，唤他做贼他还忸怩。"

王守仁咏良知诗说"个个心中有仲尼"，这是指，每个人就其本心而言都是圣人。当然，一切现实的人其本心均有所遮蔽，因而只是潜在的圣人而不是现成的圣人。这个说法从良知方面来看，是指良知是每个人成圣的内在根据，这个根据是完全充分的，没有欠缺的。

良知的观念源出于《孟子》，孟子说："人之所不学而能者，其良能也。所不虑而知者，其良知也。孩提之童无不爱其亲者，及其长也，无不知敬其兄也。"（《孟子·尽心上》）根据这个说法，良知是指人的不依赖于环境、教育而自然具有的道德意识与道德情感。"不学"表示其先天存在，"不虑"表示其可以被我们直觉感知，"良"即兼此二者而言。

王守仁继承了孟子的思想，他说："心自然会知，见父自然知孝，见兄自然知弟，见孺子入井自然知恻隐，此便是良知，不假外求。"（《传习录》）"自然"表示不承认良知是外在的东西的内化结果，而把良知看作是自身本有的。

王守仁明确指出，良知是每个人先天的是非准则，他对陈九川说："尔那一点良知，是尔自家的准则。尔意念着处，他是便知是，非便知非，更瞒他一些不得。"在王守仁看来，良知是人的内在的道德判断与道德评价的体系，良知作为意识中的一个独立的部分，具有指导、监督、评价、判断的作用。

王守仁所说的"良知"无疑就是伦理学的"良心"范畴，所以他强调良知就是是非之心。

他说："孟子之是非之心，知也，是非之心人皆有之，即所谓良知也。"（《与陆元静书》）又说"良知只是个是非之心。是非只是个好恶，只好恶就尽了是非，只是非就尽了万变"。还说"夫良知者即所谓是非之心，人皆有之，不待学而有，不待虑而得者也"。

由此可见，良知作为先天原则，不仅表现为"知是知非"或"知善知恶"，还表现为"好善恶恶"，既是道德理性原则，又是道德情感原则。良知不仅指示我们何者为是何者为非，而且使我们"好"所是而"恶"所不是，它是道德与情感的统一。

王守仁心性论的核心是良知，他的心学也被称为良知之学。王守仁指出"良知之在人心"，反映心的本质，良知只是一个心而非有二，因此良知也是良心，是善或者说是善的源泉。王守仁论及良知的体用。良知只有一个，但表现不同，理一是体，说明良知只一个，分殊是用，指良知的表现，或者说良知的范围。在现实中，良知的展开需要致良知，由内在到外在必须通过致，致良知则是将良知推广扩充到事事物物。致良知是良知功夫的突出表现，是良知的自我展现。

致良知功夫的目的是重见本体，一言以蔽之，致良知的特点是反身向内，求还原本心，再现内在的善。因此，他批评后儒舍心外求，不知就自心之良知良能上体认扩充而驰于外，终年碌碌而一无所得。

四、王守仁的童蒙教育论

王守仁十分重视儿童教育，他从"致良知"的要求出发，认为儿童时期"良知"保存最多，受蒙蔽最少，教育应从儿童时期抓起。

1. 教育要注意儿童年龄特点

王守仁认为，教学要注意儿童的年龄特点。他说："大抵童子之情，乐嬉游而惮拘检，如草木之始萌芽，舒畅之则条达，摧挠之则衰萎。今教童子，必使其趋向鼓舞，中心喜悦，则其进自不能已。譬之时雨风，沾被卉木，莫不萌动发越，自然日长月化。若冰霜剥落，则生意萧条，日就枯槁矣。"一般来说，儿童的性情总是喜欢嬉游，百怕拘束与禁锢，就像草木刚刚萌芽，顺应它就会发展，摧残它就会衰退。所以他主张对儿童的教育必须依据这个特点来进行，采取使儿童"趋向鼓舞"和"中心喜悦"的积极教育方法，才能使儿童的学习日有长进，就好像春风时雨被及于草木一样，盎然生意，而不是冰霜剥落、生意萧索。

2. 鼓励儿童独立思考

王守仁认为学习必须独立思考，强调自求自得，反对崇拜偶像、盲从教师的学习方法。他说，"君子之学求以得之于其心"。他认为如果儿童的学习是出于内心，通过自己的思考获得知识，那么这种知识就是有效的；反之，就不可能很好地掌握知识。因此，教师在教学中应引导儿童"各得其心"，而不能以儿童的所谓幼稚去压抑、束缚儿童的思维。他主张从小培养儿童独立思考，不盲从，使之"深入心通"，长大后逐渐形成自己的观点而不轻易受别人左右。他说："夫学贵得之心，求之于心而非也，虽其言之出于孔子，不敢以为是也，而况其未及孔子者乎！求之于心而是也，虽其言之出于庸常，不敢以为非也，而况其出于孔子者乎！"他这种强调自求自得、独立思考、勇于怀疑、不盲从迷信、不人云亦云的精神是很突出的。他认为学习与其旁人"点化"不如自己"解化"。他反对朱熹"为学之道在穷理，穷理之要在读书"的观点，认为"六经之实"都在"吾心"之中，单靠读书是不行的，必须考之于心。"求之于心"是根本，读书只是寻求工具寻找方法而已，犹如跛人需要拐杖，只是为了帮助走路一样。反对盲从典籍，提倡独立思考，这是他教育思想的一个重要特色。

3. 教学必须循序渐进和因材施教

王守仁认为教学必须注意循序渐进，儿童学习应从现有基础出发，逐渐加深，沿着他"精气日足，筋力日强，聪明日开"的顺序发展。一个人从婴儿到成人有其发展的阶段性，比如，种植树木，须栽培得宜，"从本原上用力，渐渐盈科而进"。儿童的接受能力达到何种程度，便就这个程度进行教学，不可说等。既不能要求过高过急，也不能停留在固定的低水平上。如果不顾儿童的接受能力，把大量的高深的知识灌输进去，就会像用一桶水倾注在幼苗上把它浸坏一样，对儿童有害无利。

他认为人的资质是不同的，施教须"随人分限所及"，因人而异不可等；人的才能也互不相同，使他们"益精其能"是学校教育的重要任务。他说："人的资质不同，施教不可躐等，中人以下的人，便与他说性说命他也不省得，也须慢慢琢磨他起来。"教学应注意各人长处短处。譬如良医治病，目的在治病，并不是有一定的方剂，不问是何症候，必使人人都吃这一剂药，教学亦须与治病一样，要注意因人施教。

总之，他认为儿童的个性是存在差异的，每个人的自然禀赋也不一样，所以教学方法也应该因人而殊，不能用同一方法。他坚决反对用一个模型去束缚儿童，主张通过教学发展每个儿童不同的个性。

在教学内容上，王守仁主张给儿童以"歌诗""习礼"与"读书"三方面的教育，陶冶儿童的思想和性情。

"诱之歌诗"：他主张以唱歌吟诗的方式来教育儿童，这样不仅能激发他们的志向，而且还能消除他们的顽皮，使他们多余的精力有发泄的机会，也能解除儿童内心的愁闷和烦恼，使他们开朗活泼起来，并能适度地表达其情感。

"导之习礼"：他主张以学习礼仪来教育儿童，这不但能使儿童养成一定的礼仪习惯，而且还能通过"周旋揖让""拜起屈伸"等礼仪动作，"动荡血脉""固束筋骸"，达到锻炼身体、健壮体魄的作用。

"讽之读书"：他主张通过读书，开发儿童的智力，增加儿童的知识，同时还能"存心宣志"，形成儿童一定的道德观念和理想。

此外，王守仁认为还应有"考德"这门课，并做了具体规定。要求每天清晨，检查儿童在家里、在街坊中的"言行心术"及"爱亲敬长""步趋礼节""忠信笃敬"等做得如何，要婉转地加心诲谕、开导再就席受业。这有利于从小训练儿童的道德行为习惯。

为了使儿童"乐习不倦，无暇及于邪僻"，没有空闲时间去从事不道德的活动，王守仁还制定了儿童每天活动的程序，作为教育与检查的依据，每天按"先考德，次背书诵书，次习礼或作课仿，次复诵书讲书，次歌诗"的程度，进行品德检查，巩固旧课，讲授新课，并适当配合习礼和歌诗。这样就把儿童的德育、智育、体育、美育等教训内容，在每天的教育活动中都做了切实的安排。

王守仁的儿童教育思想，比较具体详细，有许多是符合儿童心理特点的。他主张根据儿童特点进行教育，反对教条式的教学方法和体罚等粗暴的教育手段，提倡诱导，鼓励独立思考，强调学习上的自求自得，注意儿童的接受能力，因材施教，并具体规定了蒙学的教学制度和教学日程，这些都是有积极意义的。

五、王守仁和他的"知行合一"

王守仁主张"求理于吾心"，即"知行合一"。他用主体包容了客体，将客体的独立性、自然性和物质性否定了。对于"行"他解释道："凡谓之行者，只是著实去做这件事。若著实做学问思辩工夫，则学问思辩亦便是行矣。学是学做这件事，问是问做这件事，思辩是思辩做这件事，则行亦便是学问辩矣。"所以，王守仁的"行"范围很广，包括了学、问、思、辩，这在《中庸》里是"知"的四个侧面，在王守仁这里合一了，因为他模糊了两者的界限。

1. 知中有行，行中有知

王守仁认为知行是一回事，不能分为"两截"，有知在即有行在，有行在即有知在，知不离行，行不离知，两者互为表里，不可分离，不可分割。他说："知行原是两个字，说一个工夫。""只说一个知，已自有行在；只说一个行，已自有知在。""知之真切笃实处即是行，行之明觉精察处即是知，知行工夫本不可离，只为后世学者分作两截用功，失却知行本体，故有合一并进之说。真知即所以为行，不行不足谓之知。"

他把知行合而为一，知就是行，行就是知，行中有知，知中有行，行在知在，知在行在，相互包含，彼此融通。这就混淆了知行界限，否定了知行的本质区别，否定了知行的对立统一关系，在理论上是错误的。因为知和行毕竟属于两个不同的范畴。他把属于思想意识范畴的"知"当作"行"，以知代行；又把属于实践和实际范畴的"行"当作"知"，以行代知。结果把知行混淆，使知行关系模糊了。

但从道德教育上看，他极力反对道德教育上的知行脱节及"知而不行"，突出地把一切道德归之于个体的自觉行动，这是有积极意义的。因为从道德教育上看，道德意识离不开道德行为，道德行为也离不开道德意识。二者互为表里，不可分离。知必然要表现为行，不行不能算真知。道德认识和道德意识必然表现为道德行为，如果不去行动，不能算是真知。王守仁认为良知无不行，而自觉的行，也就是知。这无疑是有其深刻之处的。

2. 以知为行，知决定行

王守仁说："知是行的主意，行是知的工夫；知是行之始，行是知之成。"他的意思是说，封建道德是人行为的指导思想，按照封建道德的要求去行动是达到"良知"的功夫。在封建道德指导下产生的意念活动是行为的开始，符合封建道德规范要求的行为是"良知"的完成。

王守仁说，"我今说个知行合一，正要人晓得一念发动处便即是行了，发动处有不善，就将这不善的念克倒了，须要彻根彻底不使那一念不善潜伏在胸中，此是我立言宗旨"。他的意思是说，我心中的"良知"

向外发动，表现显露出来就是"行"，"良知"发动时的主观意念、情感、动机等都可以叫作"行"。他有时还把一个人学习时的真切笃实的态度也叫作"行"。这种以"一念发动处便即是行"，即是以知为行，以不行为行，销行以为知。为了论证以知为行，他说，"见好色属知，好好色属行；只见那好色时已自好了，不是见了后又立个心去好。闻恶臭属知，恶恶臭属行；只闻那恶臭时已自恶了，不是闻了后别立个心去恶"。意思是说，看见美色是知，爱好美色就是行；闻恶臭是知，厌恶恶臭就是行。见好色与好好色、闻恶臭与恶恶臭，是同时发生的，因而知和行是合一的。

为了贯彻他的"知行合一"的道德教育思想，他还提出了一些具体的道德教育方法。

1. 静处体悟

所谓"静处体悟"，实际上是静坐澄心，反观内省，摒去一切私虑杂念，体认本心，这是董仲舒"内视反听"与陆九渊"自存本心"思想的继承与发展，也是佛教禅宗的面壁静坐、"明心见性"思想的影响。如他所说："前在寺中所云静坐事，非欲坐禅入定，盖因吾辈平日为事物纷孥，未知为己，欲以此补小学收放心一段工夫耳。"他否认了"坐禅入定"的影响，却正是受了"坐禅入定"的影响，这是正统理学家的一贯手法。

2. 事上磨炼

王守仁认为如果一味追求静坐澄心，容易使人"喜静厌动，流入枯槁之病"，或者使人变成"沉空守寂"的"痴呆汉"，"才通些子事来，即便牵滞纷扰，不复能经纶宰制"。因此，他又提出"事上磨炼"。他说，"人须在事上磨炼做功夫乃有益；若只好静，遇事便乱，终无长进；那静时功夫，亦差似收敛，而实放溺也"。他这里说的"在事上磨炼"，亦即"就学者本心日用事为问，体究践履，实地用功"，是指通过"声色货利"这些日常事务，去体认"良知"。他反对离开事物去谈"致良知"，认为在口头上谈"致良知"是无意义的,"离了事物为学却是着空"。他主张道德修养要紧密同日常生活联系,在事上磨炼,才能落实"知行合一"。

3. 省察克治

王守仁还继承与发展了儒家传统的"内省""自讼"的修养方法,提出"省察克治"。他说,"省察克治之功则无时而可间,如去盗贼,须有个扫除廓清之意。无事时将好色好货好名等私逐一追究搜索出来,定要拔去病根,永不复起,方始为快。常如猫之捕鼠,一眼看着,一耳听着,才有一念萌动,即与克去,斩钉截铁,不可姑容,与他方便,不可窝藏,不可放他出路,方是真实用功,方能扫除廓清"。很清楚,这是对儒家传统的"内省""克己"修养方法的继承和发展,其中所包含的强调道德修养的自觉性和主观能动性的合理因素,是可以批判地吸取的。他还说,"克己必须要扫除廓清,一毫不存方是,有一毫在,则众恶相引而来"。他这是进一步发展了传统的"克己内省"思想,强调了"拔去病根次""斩钉截铁久""扫除廓清""一毫不存"。在他看来,如果在修养过程中,若不能用他所说的"天理"战胜"人欲",即使剩下一丝一毫,那么,其结果必将是前功尽弃,"众恶相引而来"。我们可以从王守仁的唯心主义的道德教育思想中,看到他深刻地认识到两种道德观斗争的重要意义,这对我们仍是有启发的。

4. 贵于改过

王守仁认为,人在社会生活中总会发生这样或那样一些违反伦理道德规范的过错,即使是大贤人,也难以避免。因此,在道德修养中,不贵无过,而贵改过。他说:"夫过者自大贤所不免,然不害其卒为大贤者,为其能改也。故不贵于无过而贵于能改过。"虽然要能改过,首先必须对过错要有认识,表示悔悟,但悔悟并不就是改过。所以,他又说:"悔悟是去病之药,然以改之为贵。"这种"贵于改过"的主张,体现了王守仁在道德教育中的求实精神和向前看的态度,是可取的。

第四章

中国古代教育启示录

前车之鉴，后事之师。

教育的真谛在于"将知识转化为智慧，使文明积淀成人格"，而博大精深、源远流长的中国古代教育蕴含着丰富多彩的教育智慧，它是我们国家软实力的重要组成部分，将其发扬光大具有非常重要的现实意义，探讨其实现的路径也显得十分必要。

习近平总书记在 2018 年全国教育大会上提出九个"坚持"：坚持党对教育事业的全面领导，坚持把立德树人作为根本任务，坚持优先发展教育事业，坚持社会主义办学方向，坚持扎根中国大地办教育，坚持以人民为中心发展教育，坚持深化教育改革创新，坚持把服务中华民族伟大复兴作为教育的重要使命，坚持把教师队伍建设作为基础工作。而且明确了培养什么人，是教育的首要问题。

加快推进教育现代化、建设教育强国、办人民满意教育既是新时代习近平中国特色社会主义思想的重要组成部分，也是每一位教育工作者的行动指南。开启教育强国新征程必须从中国古代教育中汲取教育智慧，需要取其精华、别除糟粕，将传统教育思想的传承工作付诸人格塑造、智慧生成的实践过程之中。同时，也要做好古代教育的创新发展，做好教育思想、教育理念的创新。对中国古代教育中蕴含的教育智慧的内涵要与时俱进地加以补充、拓展、完善。不断促进古代教育与当代教育的融合与发展，积极寻求中国古代教育智慧的现代融合。

中国古代教育就是教做人的道理，教怎么样做一个人。首先是懂得做人的道理，其次又要从实践上践行。中国古代教育的理想信念、价值取向、基本精神和育人方式中蕴含着滋养立德树人的宝贵智慧，立德树人必须从中国古代教育中汲取精神营养。

第一节　中华人民共和国成立以来教育方针的历史嬗变

一、教育方针的内涵

教育方针是国家或政党在一定历史阶段提出的有关教育工作的总的方向和总指针，是教育基本政策的总概括。它是确定教育事业发展方向，指导整个教育事业发展的战略原则和行动纲领。内容包括教育的性质、地位、目的和基本途径等。不同的历史时期有不同的教育方针，相同的历史时期因需要强调某个方面，教育方针的表述也会有所不同。基于以上对教育方针概念的认知，可以认为教育方针具有全局性、变动性、现实性、阶段性、政治性等特点。

党的十八大报告指出，要"坚持教育为社会主义现代化建设服务、为人民服务，把立德树人作为教育的根本任务，全面实施素质教育，培养德智体美全面发展的社会主义建设者和接班人，努力办好人民满意的教育。"

党的十九大报告提出，要"全面贯彻党的教育方针，落实立德树人根本任务，发展素质教育，推进教育公平，培养德智体美全面发展的社会主义建设者和接班人"。这是我们党改革开放以来始终坚持党的领导、牢牢把握社会主义办学方向的总体要求，需要我们结合新时代的新要求，全面系统、创造性地落到实处。

二、古代教育思想对教育方针的影响

中华人民共和国成立以来教育方针的嬗变源于古代教育思想，又在此基础上大幅提升，并逐步臻于完善。

中国传统教育的基本特点是重视道德的培养，而忽视才能和技能的训练；重视师生间的承袭而忽视创造和发明；它的基本目的是培养统治阶级所需要的各级官吏，而不是建设国家的各种人才。归纳起来说，怎样去开拓前进，怎样去改造社会。这样一种教育思想可说是源远流长。拿"教育"二字的构成来讲，"教"是会意字，它的甲骨文写法，意思是一手拿一根棍棒打一个孩子，孩子的头上还有被打的两个记号，说明"教"的本义是以棍棒训子，令其遵循长辈的意志，所以《说文解字》说："教，上所施，下所效也。"《说文解字》说："育，养子使作善也。"由此可见，"教育"二字的古意就是培养人的良好品德，当然，培养的手段离不开棍棒政策。最早把"教育"二字连起来使用的是孟子。《孟子·尽心篇》说：君子有三种乐趣，其第三种就是"得天下英才而教育之"。这里，"教育"二字的含义跟今天已没多少差别，都是"教导、教诲、培养、培育"的意思。

中国古代产生了无数著名的教育家，从孔子到朱熹到黄宗羲、颜元，犹如群星灿烂。他们各自体现了时代的精神面貌，代表着教育实践与教育思想发展中的各个阶段。他们为传播灿烂辉煌的中国文化、形成中华民族的共同文化心理做出了历史性的贡献。

中国古代教育是人文主义教育。它以做人为教育的唯一目的，注重教人以德行与智慧，而不只是单纯的知识。它尤其重视道德教育和德行培养，注重气节与操守，崇高的精神境界，提倡发奋"立志"，强调道德责任感与历史使命感，弘扬那种孜孜不倦、临危不惧，不计成败利钝、不问安危荣辱，以天下为己任的精神气概与宽广胸怀，把个人担当的社会责任与个人道德的自我完成统一起来。我国逐渐形成了一个长远深厚的教育传统，上起孔孟老庄，中经佛教禅宗，下迄宋明理学，都特别注重道德教育与自我修养，重视启发学生的自觉性、主动性，立志有恒、克己内省，改过迁善、身体力行，潜移默化、防微杜渐……逐渐形成了一系列具有独特风格的道德教育与道德教养的原则和方法。中国古代教育家重视德行培养，树立道德风范，其影响力是不可低估的。他们曾在漫长的中国历史上教育、感动、熏陶了一代又一代仁人志士，推动了中国社会的进步，促进了中华文明的繁荣，陶冶了我们民族的精神与智慧。

总的说来，中国古代教育思想，大致有以下几个鲜明特色：

1. 综合观，即大教育观

中国古代教育家很早就认识到教育是整个社会大系统中的一个子系统，许多教育问题实质上是社会问题，必须把它置于整个社会系统中加以考察和解决。而教育问题的解决，又必然促进整个社会的发展和进步。如孔子十分重视教育，把人口、财富、教育当成"立国"的三大要素，认为在发展生产使人民富裕之后，唯一的大事就是"教之"，即发展教育事业。他从"国之本在家"的思想出发，重视家庭伦理和社会道德——"孝弟忠信"的教育。他看到了教育对于治理国家、安定社会秩序所产生的重要作用。这种把教育放在治国安邦的基础的思想，是十分深刻的。《礼记·学记》把教育的作用概括为 16 个字："建国君民，教学为先""化民成俗，其必由学"。教育的作用包含相互联系的两个方面：一是培养国家所需要的各种人才，一是形成良好的社会道德风尚。这是中国先哲关于教育功能的概括和总结，至今仍有借鉴意义。

2. 辩证观，即对立统一观

中国古代教育家强调要把道德教育放在首位，同时也不忽视知识教育的作用。如孔子说："君子务本，本立而道生""行有余力，则以学文"（《论语·学而》）；同时他又说："好仁不好学，其蔽也愚"（《论语·阳货》），"未知，焉得仁？"（《论语·公冶长》）董仲舒也说过："仁而不智，则爱而不别也；智而不仁，则智而不为也。"（《春秋繁露·必仁且智》）这就是中国古代的德智统一观：首先是道德教育及其实践，其次才是知识教育；德育要通过智育来进行，智育主要是为德育服务；德育与智育之间、"行已有耻"与"博学于文"之间存在着相互依存、相互渗透的关系。道德教育也是这样，道德观念的认识与道德信念的建立以及道德行为的实践之间也存在着对立统一的关系。如孔子说："知及之，仁不能守之，虽得之，必失之。"（《论语·卫灵公》）这即是说，道德观念如果只是停留在认识阶段，而不能转化为道德信念和道德行为，那么道德就失去了规范的作用。知识与才能之间也存在既矛盾又统一的关系。唐人刘知几说，一个人如果有学问而无才能，就好比拥有巨大的财富却不会经营它；如果有才能而无学问，则像本领高超的工匠，没有刀斧和木材，也无法建造营室。

3. 内在观，即强调启发主体的内在道德功能和自觉性

中国古代教育启发每一个人的内心自觉，提出了一套"做人"的道理、"做人"的要求、"做人"的方法，让人从中得到"做人"的乐趣，表现出人的崇高的精神追求。与西方基督教和印度佛教不同，中国古代教育不是"罪感教育"，而是"乐感教育"；不需要依靠宗教信仰和祈祷，不主张离开社会和家庭，而是强调在学校、家庭及日常生活中积累道德行善，加强自我修养，即此岸即彼岸，"极高明而道中庸"；不用到上帝和佛主那里而是在自己心中寻找美丑、善恶的标准，追求道德的"自律"。中国古代教育思想强调人心中具有一种价值自觉的能力，自省、自反、慎

独，自我修养，自我完善，自我求取在人伦秩序与宇宙秩序中的和谐。其追求价值之源的努力是向内而不是向外，不是倾听上帝的召唤，亦不是等待佛的启示。重视启发内心的觉悟，相信主体内在的力量，这是一个非常重要的特色。

三、中华人民共和国成立以来我国教育方针的历史嬗变

1. 中华人民共和国成立初期的教育方针

1949 年 9 月 21 日至 30 日，中国人民政治协商会议第一届全体会议在北京举行。会议一致通过了《中国人民政治协商会议共同纲领》（以下简称《共同纲领》）。《共同纲领》第五章规定："中华人民共和国的文化与教育为新民主主义的，即民族的、科学的、大众的文化教育。人民政府的文化教育工作，应以提高人民文化水平，培养国家建设人才，肃清封建的、买办的、法西斯主义的思想，发展为人民服务的思想为主要任务。""提倡爱祖国、爱人民、爱劳动、爱科学、爱护公共财物为中华人民共和国全体国民的公德。""人民政府应有计划有步骤地改革旧的教育制度、教育内容和教学方法。"同年 12 月第一次全国教育工作会议重申了《共同纲领》制定的文教政策，提出新教育的目的"是为人民服务，首先为工农兵服务，为当前的革命斗争与建设服务"；"教育必须为国家建设服，学校必须为工农开门"；对旧教育采取"坚决改造，逐步实现"的方针；建设新教育要以老解放区新教育经验为基础，吸收旧教育某些有用的经验，借助苏联教育经验；"教育工作的发展方针是普及与提高相结合"。这些方针政策明确了当时教育工作的性质、任务和总方向，对于肃清国民党政府的文教政策和旧教育的不良影响，对于中国教育的改造与建设起着重要的指导作用。

2. 20 世纪 50 年代后期至"文革"前夕的教育方针

中华人民共和国成立初期的教育方针实质上还属于新民主主义革命时

期的教育方针，具有一定的过渡性质，直到社会主义改造完成后，确立了社会主义制度，才一步步确立了社会主义社会的教育方针，其主要经历了以下过程。

1951 年 3 月，第一次全国中等教育会议提出："普通中学的宗旨和培养目标是使青年一代在智育、德育、体育、美育各方面获得全面发展，使之成为新民主主义社会自觉的积极的成员。"这是新中国成立后首次提出智、德、体、美全面发展，使教育方针的表述比较简明全面。1952 年 3 月 18 日，教育部颁发《中小学暂行规程》（草案），提出"实施智育、德育、体育、美育全面发展的教育"。这些虽然是对普通中小学说的，但对整个教育界都产生了重大影响。

1953 年我国进入了社会主义改造时期。中共中央公布了过渡时期总路线。教育工作的中心转移到为社会主义工业化和三大改造服务的轨道上来。教育方针的提法随之发生了变化。1954 年 1 月，全国中学教育会议提出：当前中学教育的任务，是以国家总路线的精神教育学生，把他们培养成积极参加社会主义建设和保卫祖国的全面发展的新人。同年 5 月，政务院公布《关于改进和发展中学教育的指示》，提出："中学教育的目的，是以社会主义思想教育学生，培养他们成为社会主义社会全面发展的成员。""中学必须贯彻全面发展的教育。"1955 年 8 月，中华全国学生会第 16 次代表大会提出全国青年学生要在中国共产党领导下，贯彻毛主席"身体好、学习好、工作好"的指示，把自己培养成为具有高度的社会主义觉悟能够掌握现代科学知识、身体健康的全面发展的社会主义建设者。这几种提法，明确提出了培养社会主义社会的新人、建设者的目标和德（高度的社会主义觉悟）、智（掌握现代科学知识）、体（身体健康）几方面全面发展的标准，反映了整个教育事业的社会主义方向和全面发展的目标要求。

1957 年 2 月，毛泽东针对教育界与教育方针有关的"全面发展教育"

的讨论，提出："中国的教育方针，应该使受教育者在德育、智育、体育几方面都得到发展。"这个提法与前几种提法的区别在于，一是正式使用了"教育方针"的概念；二是把"德育"放到了首位；三是未提"美育"；四是用"几方面发展"取代了"全面发展"；五是明确提出了培养"劳动者"的目标。这个方针尽管还不是很完善，但仍不失为比较科学和准确的提法，它明确了我国教育的性质、方向、培养目标及其规格，成为长期指导我国教育的方针，对新中国教育的发展影响深远。

1958 年 9 月，中共中央、国务院在《关于教育工作的指示》中使用了"教育工作方针"和"教育目的"的提法，提出"党的教育工作方针，是教育为无产阶级的政治服务，教育与生产劳动相结合"；"教育的目的，是培养有社会主义觉悟的有文化的劳动者"。并指出这种主张"正确地解释了'全面发展'的含义"。这个方针是当时我国特殊的政治、经济、文化、教育形势的产物，尽管在某些方面是正确的，但在指导思想上却反映了明显"左"倾观点和错误，在"以阶级斗争为纲"、片面突出政治的年代，在长期执行过程中产生了不良的影响，甚至给教育工作造成了损失。

3. 改革开放以后的教育方针

1978 年 12 月，中国共产党第十一届三中全会召开，做出了把全党全国工作重点转移到社会主义现代化建设上来的战略决策，提出了以经济建设为中心，坚持改革开放和四项基本原则的基本路线，中国社会发展进入了一个新的历史时期。相应地，教育方针也发生了变化。

1978 年 9 月 22 日，邓小平在全国教育工作大会上讲话指出，要"把毛泽东同志提出的培养德智体全面发展、有社会主义觉悟的有文化的劳动者的方针贯彻到底，贯彻到整个新社会的各个方面"。"为了培养社会主义建设需要的合格的人才，必须认真研究在新的条件下，如何更好地贯彻教育与生产劳动相结合的方针。"后来他又提出教育要"三个面向"，要培养"四有"新人。这些都被写进了中央和国家有关文件，具有教育方针的性质，对新时期教育的改革和发展起着十分重要的指导作用。

1981年6月，中共中央十一届六中全会通过的《关于建国以来党的若干历史问题的决议》提出："坚持德智体全面发展、又红又专、知识分子与工人农民相结合、脑力劳动与体力劳动相结合的教育方针。"1982年12月，五届全国人大五次会议通过的《中华人民共和国宪法》规定："国家培养青年、少年、儿童在品德、智力、体质等方面全面发展。"1985年5月中共中央颁发的《关于教育体制改革的决定》提出："教育必须为社会主义建设服务，社会主义建设必须依靠教育。社会主义现代化建设的宏伟任务，要求中国的教育不但必须放手使用和努力提高现有人才，而且必须极大地提高全党对教育工作的认识，面向现代化、面向世界、面向未来，为90年代以至下世纪初叶我国经济和社会的发展，大规模地准备新的能够坚持社会主义方向的各级各类合格人才。""所有这些人才，都应该有理想、有道德、有文化、有纪律，热爱社会主义祖国和社会主义事业，具有为国家富强和人民富裕而艰苦奋斗的献身精神，都应该不断追求新知，具有实事求是、独立思考、勇于创造的科学精神。"这段话规定了教育的战略地位、性质和任务，提出了"三个面向""四有"新人等具体要求及其具体规范，具有教育方针的性质。1986年4月，六届人大四次会议通过的《中华人民共和国义务教育法》规定："义务教育必须贯彻国家的教育方针，努力提高教育质量，使儿童、少年在品德、智力、体质等方面全面发展，为提高全民族的素质、培养有理想、有道德、有文化、有纪律的社会主义人才奠定基础。"这里既包括德、智、体全面发展，又包括"四有"要求。

进入20世纪90年代，改革开放和现代化建设步伐加快，党和国家又及时制定了新的教育方针政策。1993年2月，中共中央、国务院印发《中国教育改革和发展纲要》规定："各级各类学校要认真贯彻'教育必须为社会主义现代化建设服务，必须与生产劳动相结合，培养德、智、体全面发展的建设者和接班人'的方针。""培养有理想、有道德、有文化、有纪律的社会主义新人。"提出了我国教育事业发展的任务、目标、战略政策措施和指导方针。"教育工作的任务是：遵照党的十四大精神，以建设有中国特色的社会主义理论为指导，坚持党的基本路线，全面贯彻教育方针，面向现代化，面向世界，面向未来，加快教育的改革和发展，进一步提高劳动者素质，培养大批人才，建立适应社会主义市场经济体制和政治、科技体制改革需要的教育体制，更好地为社会主义现代化建设服务。"

"我国教育发展的总目标是：全民受教育水平有明显提高，城乡劳动者的职前职后教育有较大发展，各类专门人才的拥有量基本满足现代化建设的需要，形成具有中国特色的、面向21世纪的社会主义教育体系的基本框架，实现教育的现代化。"具体目标包括四个方面，其中核心是"两基"："全国基本普及九年义务教育，基本扫除青壮年文盲。"

应采取的战略是："深化教育改革，坚持协调发展，增加教育投入，提高教师素质，提高教育质量，注意办学效益，实行分区规划，加强社会参与。"

指导方针是："在教育事业发展上，不仅教育的规模要有较大发展，而且要把教育质量和办学效益提高到一个新的水平；在结构选择上，以九年义务教育为基础，大力加强基础教育，积极发展职业技术教育、成人教育和高等教育，把提高劳动者素质和培养初、中级人才列为重点；在地区发展格局上，从各地经济、文化发展不平衡的实际出发，因地制宜，分类指导。鼓励经济、文化发达地区率先达到中等发达国家80年代末的教育发展水平，积极支持贫困地区和民族地区发展教育。"

1995年3月18日，第八届全国人民代表大会第三次会议通过了《中华人民共和国教育法》，规定："教育必须为社会主义现代化建设服务，必须与生产劳动相结合，培养德、智、体等方面全面发展的社会主义事业的建设者和接班人。"这个方针被用法律形式确定下来，规定了我国未来教育的性质、方向、途径、目标及其规格，对我国教育发展必将产生重大而深远的影响。

党的十六大对教育方针的表述为"教育为社会主义现代化建设服务，为人民服务，与生产劳动和社会实践相结合，培养德智体美全面发展的社会主义建设者和接班人"。

党的十七大对教育方针的表述为"坚持育人为本、德育为先，实施素质教育，提高教育现代化水平，培养德智体美全面发展的社会主义建设者和接班人，办好人民满意的教育"。

党的十八大对教育方针的表述为"坚持教育为社会主义现代化建设服务、为人民服务，把立德、树人作为教育的根本任务，全面实施素质教育，培养德智体美全面发展的社会主义建设者和接班人，努力办好人民满意的教育"。

党的十九大对教育的定位表述为"教育是民族振兴、社会进步的重要基石，是功在当代、利在千秋的德政工程，对提高人民综合素质、促进人的全面发展、增强中华民族创新创造活力、实现中华民族伟大复兴具有决定性意义。教育是国之大计、党之大计"。

从新中国以来教育方针的历史嬗变中，我们可以大致了解新中国以来教育的发展脉络，同时也有助于我们反思今天的教育，并研究和发展规划未来的教育发展方向。

第二节　我国教育目的与教学内容的变化

一、近代以前我国教育目的的变化

教育目的是指教育活动所要达到的预期结果，是人们对受教育者达成状态的期望，即人们期望受教育者通过教育在身心诸方面发生什么样的变化，或者产生怎样的结果。

教育目的是随着社会的发展而演变的。在原始社会，由于生产力水平低下，教育还没有成为一项专门的、独立的社会活动，教育目的寓于生产劳动和生活活动本身的目的之中。它表现为原始社会的氏族为求其群体的巩固和延续，使儿童学会成人生产和生活所必需的经验和社会习俗。在奴隶社会中，教育开始从社会生活中独立出来。那时的教育是为奴隶主阶级的统治服务的。中国古代的夏、商、周已有学校。《孟子》记载："夏曰校""殷曰序""周曰庠""学则三代共之，皆所以明人伦也"。在中国长期的封建社会中，儒家的教育思想占统治地位，儒家的教育目的就成为中国封建社会的教育目的。（见《大学》《中庸》）提出："在明明德，在亲民，在止于至善"，和"格物、致知、诚意、正心、修身、齐家、治国、平天下"的教育目的。儒家的这一套教育目的是为巩固封建制度服务的。

中国开始实行近代学制以后，清政府学部于 1906 年正式规定"忠君、尊孔、尚公、尚武尚实"为教育宗旨。这一教育目的反映了当时"中学为体，西学为用"的半封建、半殖民地的文教方针。辛亥革命后，在蔡元培的影响下，1912 年临时政府教育部公布了"注重道德教育，以实利教育、军国民教育辅之，更以美感教育完成其道德"的教育宗旨，这体现了近代中国资产阶级民主主义的教育思想。1929 年，国民党政府则颁布了所谓"三民主义"的教育宗旨。

二、中华人民共和国成立以来我国教育目的的变化

1949 年 10 月 1 日，中华人民共和国成立。毛泽东主席当天发布政府公告，确定中央人民政府委员会一致接受《中国人民政治协商会议共同纲领》为本政府施政方针。这一纲领确认，"中华人民共和国的文化教育为

新民主主义的，即民族的、科学的、大众的文化教育"的基本方针，并明确了"有计划有步骤地实行普及教育"等一系列重要政策导向。同年 11 月 1 日，中央人民政府教育部成立。12 月 23 日至 31 日，召开新中国第一次全国教育工作会议，确立了以老解放区新教育经验为基础、吸收旧教育某些有用经验、借助苏联经验、建设新民主主义教育的政策基点。中共人民政府政务院于 1951 年颁布了《关于改革学制的决定》，确立了各级各类学校面向学龄人口、劳动人民、工农干部服务的途径，在实施正规学校教育的同时，开展大规模扫盲和工农干部文化补习教育，规定了职业技术教育和业余教育在学制中的适当地位。1952 年教育部以培养工业建设人才和师资为重点，进行全国高校院系调整。同时新建钢铁、地质、航空、矿业、水利等专门学院，重视发展中等专业学校，培养了大批专业技术人才。1954 年全国人大一届一次会议上通过的《中华人民共和国宪法》第九十四条规定："中华人民共和国公民有受教育的权利。国家设立并且逐步扩大各种学校和其他文化教育机关，以保证公民享受这种权利。"这是新中国第一次以法律形式规定公民受教育权，意味着在民族独立、人民当家作主后，全体公民受教育权利有了法律保障。1956 年，以党的八大为标志，党领导全国人民有步骤地实现了从新民主主义到社会主义的转变。1957 年以毛泽东同志为主要代表的中国共产党人指出，"我们的教育方针，应使受教育者在德育、智育、体育几方面都得到发展，成为有社会主义觉悟的有文化的劳动者"。1958 年《中共中央、国务院关于教育工作的指示》指出，"党的教育工作方针，是教育为无产阶级的政治服务，教育与生产劳动相结合……教育的目的，是培养有社会主义觉悟的有文化的劳动者"。这标志着新民主主义教育方针转成社会主义教育方针，新中国开始走上社会主义教育事业发展道路。1958 年，中共中央、国务院公布了《关于教育工作指示》，但受"左"倾思想干扰，存在急躁冒进现象。1967年，因为"文革"，全国大学停止招生。1978 年恢复高考制度。1985 年，公布《中共中央关于教育体制改革的决定》。1993 年，公布了《中国教育改革和发展纲要》。2004 年，教育部公布了《2003—2007 年教育振兴行动计划》。我国现行教育制度，按纵向划分，可分为学前教育、初等教育、中等教育和高等教育；按横向划分可分为普通教育、职业教育、成人教育和特殊教育。

1949 年，《中国人民政治协商会议共同纲领》中指出：中华人民共和国的教育是新民主主义的教育。它的主要任务是提高人民文化水平，培养国家建设人才，肃清封建的、买办的、法西斯的思想，发展为人民服务的思想。

1957 年，《关于正确处理人民内部矛盾的问题》中提出：我们的教育方针，应该使受教育者在德育、智育、体育几方面都得到发展，成为有社会主义觉悟有文化的劳动者。

1958 年，《关于教育工作的指示》指出："培养有社会主义觉悟有文化的劳动者正确地解释了全面发展的含义，是我国教育的目的。党的教育方针是教育为无产阶级政治服务，教育与生产劳动相结合。"

1981 年，《关于建国以来党的若干历史问题的决议》对于我国教育目的做了这样的表述："坚持德智体全面发展、又红又专、知识分子与工人农民相结合、脑力劳动与体力劳动相结合的教育方针。"

1982 年，《中华人民共和国宪法》规定："中华人民共和国公民有受教育的权利和义务。国家培养青年、少年、儿童在品德、智力、体质等方面全面发展。"

1985 年，《中共中央关于教育体制改革决定》指出，教育必须"面向现代化、面向世界、面向未来，为 90 年代至下世纪初叶我国经济和社会的发展，大规模地准备新的能够坚持社会主义方向的各级各类合格人才。要造就数以亿计的工业、农业、商业等各行各业有文化、懂技术、业务熟练的劳动者。要造就数以千万计的具有现代科学技术和经营管理知识，具有开拓能力的厂长、经理、工程师、农艺师、经济师、会计师、统计师和其他经济、技术工作人员。还要造就数以千万计的能够适应现代科学文化发展和新技术革命要求的教育工作者、科学工作者、医务工作者、理论工作者、文化工作者、新闻和编辑出版工作者、法律工作者、外事工作者、军事工作者和各方面党政工作者。所有这些人才，都应该有理想、有道德、有文化、有纪律、热爱社会主义祖国和社会主义事业，具有为国家富强和人民富裕而艰苦奋斗的献身精神，都应该不断追求新知，具有实事求是、独立思考、勇于创造的科学精神"。

1986 年，中共中央《关于教育体制改革的决定》指出：教育体制改革的根本目的是提高民族素质，多出人才，出好人才。

1986 年通过的《中华人民共和国义务教育法》规定了我国义务教育的目的："义务教育必须贯彻国家的教育方针，努力提高教育质量，使儿童、少年在品德、智力、体质等方面全面发展，为提高全民族的素质，培养有理想、有道德、有文化、有纪律的社会主义建设人才奠定基础。"

1993 年 2 月 13 日正式印发的《中国教育改革和发展纲要》提出："各级各类学校要认真贯彻"教育必须为社会主义现代化建设服务，必须与生产劳动相结合，培养德、智、体全面发展的建设者和接班人"的方针。

1995 年 3 月在《中华人民共和国教育法》中对《中国教育改革和发展纲要》提出的教育方针进一步确认，重新表述为："教育必须为社会主义现代化建设服务，必须与生产劳动相结合，培养德、智、体等方面全面发展的社会主义事业的建设者与接班人。"

1999 年中共中央、国务院《关于深化教育改革全面推进素质教育的决定》："以培养学生的创新精神和实践能力为重点，造就有理想、有道德、有文化、有纪律的德智体全面发展的社会主义建设者和接班人。"

2000 年《2000 年中国教育绿皮书》将素质教育归纳如下："面向全体学生；促进学生全面发展；重视学生创新精神与实践能力；发展学生的主

动精神，注重学生个性发展；着眼于学生终身可持续发展。"

2001 年，《国务院关于基础教育改革与发展的决定》指出：要高举邓小平理论的伟大旗帜，教育要面向现代化、面向世界、面向未来和江泽民同志"三个代表"重要思想为指导，坚持教育必须为社会主义现代化建设服务，为人民服务，必须与生产劳动和社会实践相结合，培养德智体美劳等全面发展的社会主义事业建设者和接班人。

2006 年，《中华人民共和国义务教育法》规定："义务教育必须贯彻国家的教育方针，努力提高教育质量，使适龄儿童、少年在品德、智力、体质等方面全面发展，为培养有理想、有道德、有文化、有纪律的社会主义的建设者和接班人奠定基础。"

2007 年，党的十七大报告指出："坚持育人为本、德育为先，实施素质教育，提高教育现代化水平，培养德智体美全面发展的社会主义建设者和接班人，办好人民满意的教育。"

2012 年，党的十八大报告指出："努力办好人民满意的教育。要坚持教育优先发展，全面贯彻党的教育方针，坚持教育为社会主义现代化建设服务、为人民服务，把立德树人作为教育的根本任务，培养德智体美全面发展的社会主义建设者和接班人。"

2017 年，党的十九大报告提出："要全面贯彻党的教育方针，落实立德树人根本任务，发展素质教育，推进教育公平，培养德智体美全面发展的社会主义建设者和接班人。"

我国教育目的演变的进程体现了我国教育事业曲折发展的历史，也是对我国政治、经济、文化发展的客观反映。从最初新中国成立时单纯地为了建设社会主义国家、发展新民主主义，培养有文化的劳动者，到改革开放后建设中国特色社会主义，培养中国特色社会主义所需要的人才，坚持德智体美劳全面发展。这些教育目的的改变都是根据社会政治、经济的发展而改变的。

从上述我国的教育目的演变来看，新中国成立以来我国教育目的的基本精神主要体现在三个方面：一是坚持社会主义方向；二是坚持培养劳动者；三是坚持培养全面发展的人。社会主义教育目的的制定，对于规范我国教育事业的健康发展和对各级社会主义事业人才的培养，发挥了重大历史作用。

总的来看，我国的教育目的经历了一个十分复杂的演变过程，具有三个鲜明的特点：强调德育，突出反映了社会本位论思想、自然科学教育未被重视。教育目的是贯穿教育的一条主线，无论是家庭教育还是社会教育，都要围绕这一条主线进行，只要偏离这一条主线，将给教育带来不可估量的损失，也必将影响着社会的进步和发展。

三、历史上我国教育内容的变化

教学内容是学与教相互作用过程中有意传递的主要信息，一般包括课程标准、教材和课程等。

在原始社会，学校还没产生，当时的成人给儿童传授生产经验和群居生活共同遵守的风俗习惯，这可以说是最早的教学内容。

随着社会的发展，文字的创造，学校的产生，教学内容不断丰富概括，并形成了体系。

奴隶社会的教学内容主要有礼、乐、射、御、书、数六艺。封建社会的教学内容主要有四书和五经。而生产经验和生活实用知识、技能的传授在广大劳动人民当中，主要依靠父子相传或师徒授受。虽然有时也把实用科学如医学、数学等列为教学内容，但很不普遍。直到近代，由于生产力的发展和"富国强兵"的需要，才把数学、物理、化学、博物等自然科学列入学校的教学内容。

中华人民共和国成立以后，对各级学校的教学内容不断改革。改革的主要方向是废除宣扬封建的、买办的、法西斯主义思想的教学内容，用辩证唯物主义和历史唯物主义的观点来统率材料；取消烦琐、陈腐、庞杂的教学内容，力求使它在实现社会主义教育目的的前提下，既适合儿童、少年和青年身心发展的阶段，又符合当代科学技术发展的水平。在教育科学研究的基础上教学内容还将不断改进和更新，以满足为社会主义现代化建设培养人才的需要。

2010 年《国家中长期教育改革和发展规划纲要》（以下简称《教育规划纲要》）提出六大改革。"改革"思路有重大变化，其中主要是改革"路径"的变化。以往体制改革的"路径"是：以管理体制改革为核心，深化教育体制的改革，而《教育规划纲要》将"路径"变化为：以人才培养体制改革为核心，深化教育体制改革。人才培养体制改革，成为中国教育六大改革的第一改革。

2012 年教育部启动了收回地方编写权、统一编写义务教育道德与法治、语文、历史三科教材工程，历时五年，于 2017 年秋季全国使用。2018年 1 月，教育部又颁布普通高中课程方案和 14 门课程标准，决定当年秋季学期执行。

2017 年 9 月中共中央办公厅、国务院办公厅印发《关于深化教育体制机制改革的意见》（以下简称《意见》）指出，要系统推进育人方式、办学模式等改革，使教育更加符合教育规律、更加符合人才成长规律、更能促进人的全面发展。《意见》明确而具体地提出，加强学校教育、家庭教育、社会教育的有机结合，构建各级党政机关、社会团体、企事业单位及街道、社区、镇村、家庭共同育人的格局。

2017 年，党的十九大提出到 2035 年基本实现现代化，2050 年全面建成社会主义现代化强国。那么，学校现在培养的孩子到 2035 年和 2050 年是主力军，他们的精神面貌和能力素质决定着国家在 2035 年和 2050 年的状态。

"中国教育现代化2035"面临三个方面的挑战。

第一个挑战是中国特色社会主义进入新时代，对国民素质、人才支撑提出新要求。在这种情况下，需要什么样的人才，尤其是创新人才，需要什么样的教育体系、创新体系和社会生态系统去支撑，这是对整个国家来讲、对教育来讲都是深刻的挑战。

第二个挑战是不断加速的科技革命和工业革命对教育变革提出新任务。人工智能的发展，大数据和虚拟现实技术，宽带和移动互联网，5G和物联网，以及区块链技术的发展……这些技术的整合对于教育的影响有两个方面的深刻影响。

一方面，从需求层面来看，大规模地改变了整个社会对劳动力需求的结构。特别是人工智能出现以后，大学学科专业、人才培养模式如何适应？如何改造？

另一方面，从供给层面来看，技术正深刻改变教育和学校底层的架构。今天的学校制度和教育制度建立在工业化时代的需求和工业化时代的技术之上。当工业化时代的需求发生改变，工业化的技术发生改变，学校教育的形态是否会发生变化？

社会时空结构变化，包括教育时空结构的变化，是最根本性改变，没有任何力量可以阻挡这种变革。

第三个挑战是社会主要矛盾转化为教育发展赋予新使命。日益增长的美好生活需要，固然还体现在物质文化的需求，但将更多地体现在对精神文化的追求上。社会需求与教育之间的关系更加密切。

未来教育会有什么样的趋势？

未来教育面临着三个大周期叠加的冲击：一是教育本身的长周期转变；二是国家的发展变革；三是科技革命和工业革命进入新的阶段。

1. 教育形态和学校形态变革

我们今天正处在教育形态和学校形态变革的前夜。

今天的教育形态和学校形态是历史发展到一定阶段才产生的。我们今天的学校为什么是这样的,是因为技术和条件限制决定的,是工业化时代的技术决定了学校的形态和教育的形态。

当前的教育形态和学校形态存在巨大变革的可能性。从需求的角度来看,在国家创新驱动发展战略,科技革命和工业革命战略双重力量推动下,对于人才的需求、学科专业体系结构、人才培养的模式、个人的能力素质都是不一样的。从供给的角度来讲,所有原来决定我们学校形态和教育形态的技术条件现在都已经发生了变化,构成现有的教育、学校制度的基础已经发生革命性的改变。

2. 从低维度的教育向高维度的教育转变

互联网、5G 技术的发展、虚拟现实技术、大数据、人工智能都在不断增加教育的主体和时空纬度。我们讲产教融合、科教融合也是在增加教育的主体,家庭、社区、校外机构、专业化服务机构都在推进教育的多主体化。

多主体、多维时空带来更复杂的变化,高雅的教育一定会打败低纬度的教育,但高雅的教育也一定意味着这是一个更加复杂的生态系统,更加考验我们的发展智慧和治理智慧。

3. 从标准化教育向灵巧教育转变

技术的发展使我们有条件构建以学生成长为主线,使教学课程、资源、场景、流程,评价激励能够因学习者而变。这标志着更加个性化、多样化、智能化、终身化的灵巧教育时代的到来。

在这样一个新阶段,需要我们重新定义学习、课程、场景、流程和教师。

第一,这就要求我们要激励和驱动学习者自主学习。所有的课程、资源、场景、流程和教学活动的设计和目的,都是为了进一步驱动学习者自主学习。而这种学习者的自主学习,不光依赖于学习者的自觉性。学习者的自主学习本身是被设计的过程，而这一设计过程是从零岁就开始的。

第二，我们要认识到不同的学习方式都是等价的。不同的学习方式有不同的场景、环境的适应性，但是学习方式本质上是等价的。

我们要在思想和理念上，认识到不同的学习方式是等价的，没有高低贵贱之分，新的学习方式的创新发展，这是教育形态、学校形态变革最重要的基础和成果。

2015年11月，联合国教科文组织发布《2030教育行动框架》指出：必须在当今发展的大背景中来审视"教育2030"，指出教育系统必须相互关联，回应迅速变化的外部环境，如变革的劳动力市场、技术的更新换代、城镇化的兴起、政治环境的不稳定、环境恶化、自然风险与灾难、对自然资源的争夺、人口压力、全球失业率的攀升、贫穷的困扰、不平等的扩大以及和平与安全所面临的更多威胁。

展望未来，教育目标与课程将会发生变化。由教孩子们具体知识，转变为给孩子们一个"指南针"和导航技巧，来帮助他们在日益迷惑的世界里找到出路；培养孩子的创新思维，以便他们将来能够从事新工作、新行业以及新的生活方式；回顾目标，以确保所有小学生为未来做好准备，确保教育的宏伟目标得以实现，确保继续教育、高等教育中学科领域与继续学习途径相关联。

新的教学和学习模式也会出现。这意味着学校、工作、企业之间将展开全方位的更多的合作；学校、职业培训、继续教育和终身教育的方式将更加灵活；鼓励向同辈学习；通过免费网络课程支持随时随地学习；教育提供者涉及更多的公共组织、私营培训机构和全球机构；允许利益相关人设置优先权，培养学生的自我效能、元认知技能以及教师的自我效能和对新思想的开明等。

党的十八大以来，以习近平同志为核心的党中央坚持把教育摆在优先发展战略地位，强调扎根中国、融通中外、立足时代、面向未来，对教育工作做出一系列重大决策部署。教育系统深入学习贯彻习近平总书记系列重要讲话精神和治国理政新理念新思想新战略，牢固树立新发展理念，坚持发展抓公平、改革抓体制、安全抓责任、整体抓质量、保证抓党建，加快推进教育现代化，13亿多人享有更好更公平的教育梦正逐步成为现实。

四、十八大以来我国教育总体发展

党的十八大以来，以习近平同志为核心的党中央团结带领全党全国各族人民，全面审视国际国内新的形势，通过总结实践、展望未来，深刻回答了新时代坚持和发展什么样的中国特色社会主义、怎样坚持和发展中国特色社会主义这个重大时代课题，形成了习近平新时代中国特色社会主义思想，坚持统筹推进"五位一体"总体布局、协调推进"四个全面"战略布局，坚持稳中求进工作总基调，对党和国家各方面工作提出一系列新理念新思想新战略，推动党和国家事业发生历史性变革、取得历史性成就，中国特色社会主义进入了新时代。

党的十八大以来，以习近平同志为核心的党中央更加高度重视教育事业，围绕协调推进"四个全面"战略布局，在党的十八届三中、四中、五中、六中全会的文件中，对全面深化教育改革、全面推进依法治教、教育更好服务全面建成小康社会、加强教育系统党建，相继提出多方位要求。始终坚持立德树人导向，加强党对教育工作的全面领导，教育系统基层党组织建设和学校思想政治工作面貌一新。党中央将重大教育决策层级上移，从成立中央全面深化改革领导小组（委员会）到组建中央教育工作领导小组，统筹深化教育领域综合改革，推进教育治理现代化法治化，构建政府、学校、社会之间新型关系，在改革考试招生制度、提高基础教育质量、完善现代职业教育体系、创建一流大学学科、加强教师队伍建设等方面取得许多突破性成果，教育事业在提高质量、促进公平、优化结构等方面进展显著，教育脱贫配套举措成为国家打赢脱贫攻坚战的重要环节，社会各界支持教育改革、民间资本投入教育与学习领域出现新的气象，互联网、大数据、人工智能与创新教育服务业态的关系日趋密切，教育事业取得新的历史性成就，亿万人民群众对教育改革发展的获得感持续增强。

党的十九大报告做出"中国特色社会主义进入新时代，我国社会主要矛盾已经转化为人民日益增长的美好生活需要和不平衡不充分的发展之间的矛盾"的重大历史性论断，明确坚持和发展中国特色社会主义，总任务是实现社会主义现代化和中华民族伟大复兴，在全面建成小康社会的基础上分两步走，在本世纪中叶建成富强民主文明和谐美丽的社会主义现代化强国。相应地，党的十九大报告确定了新时代优先发展教育事业、加快教育现代化、建设教育强国的战略部署，坚持以人民为中心的发展思想，提出办好人民满意教育的新要求新举措，更加重视全面增强教育系统自身实力和服务"五位一体"总体布局的能力。

1. 始终坚持党的领导，牢牢把握社会主义办学方向

党的十八大以来，教育系统认真落实中央全面从严治党要求，牢牢把握社会主义办学方向，始终将党的领导贯穿教育工作全过程，不断提升教育系统党的建设科学化水平。2016年中央召开全国高校思想政治工作会议，这是时隔11年后高校思想政治工作的又一次重要会议，具有里程碑意义。教育系统旗帜鲜明加强意识形态管理，牢牢掌握意识形态工作的领导权主导权。广大师生思想主流积极向上，衷心拥护以习近平同志为核心的党中央，高度认同党中央治国理政新理念新思想新战略，对我国的发展前景和实现中国梦充满信心。教育系统基层党建工作全面加强，普通高校党委领导下的校长负责制不断加强和完善，高校院系、中小学、民办学校、中外合作办学院校党组织建设全面推进。以政治标准为第一要求，全面加强大中小学领导班子建设。持之以恒贯彻落实中央八项规定精神，深入开展"两学一做"学习教育，突出教育系统全面从严治党合格、贯彻落实党

中央治国理政新理念新思想新战略合格、共产党员行为和作风合格、改革发展稳定的各项工作合格的要求，广大党员干部政治意识、大局意识、核心意识、看齐意识进一步增强。2018年党中央召开新时代首次全国教育大会（改革开放以来第五次全国教育会议），习近平总书记在会上做重要讲话，强调新时代新形势，改革开放和社会主义现代化建设、促进人的全面发展和社会全面进步对教育和学习提出了新的更高的要求，强调教育是国之大计、党之大计，必须加强党对教育工作的全面领导，坚持立德树人，围绕党的教育方针，既坚持一脉相承，又根据新时代新要求做出重要拓展，要求培养德智体美劳全面发展的社会主义建设者和接班人，重申加快推进教育现代化、建设教育强国、办好人民满意教育的总体要求。

遵循党的十九大战略部署和习近平总书记关于教育的重要论述，2019年，党中央、国务院印发《中国教育现代化2035》，中办、国办印发《加快推进教育现代化实施方案（2018—2022年）》。按照2035年我国"总体实现教育现代化，迈入教育强国行列，推动我国成为学习大国、人力资源强国和人才强国，为到本世纪中叶建成富强民主文明和谐美丽的社会主义现代化强国奠定坚实基础"的总体目标。

2. 落实立德树人根本任务，促进广大青少年德智体美全面发展

党的十八大以来，教育系统深入开展社会主义核心价值观教育，引导广大青少年在思想感情上认知认同，在学习生活中遵循践行，内化为精神追求，外化为行动自觉。深入开展理想信念教育、爱国主义教育、中华优秀传统文化教育和革命传统教育，帮助学生"扣好人生的第一粒扣子"，从小培养"革命理想高于天"的崇高追求，增强做中国人的骨气和底气。系统推进大中小学教材建设，全面有机融入社会主义核心价值观，把好教材的政治关、思想关和质量关。将法治教育纳入国民教育体系，颁布实施《青少年法治教育大纲》，促进青少年"德法兼修"。强化学校体育工作，开齐开足体育课，大力发展校园足球，让学生掌握一两项终身受益的运动

技能。全面推进艺术教育，提升学生审美素养，铸就美丽心灵。促进教育与生产劳动和社会实践紧密结合，开展勤工俭学、志愿服务、生产实习等实践教育活动，以知促行、以行促知，学以致用。

3. 保障人人享有受教育机会，教育总体发展水平进入世界中上行列

党的十八大以来，我国坚持把教育摆在优先发展的战略位置，作为政府财政支出重点领域给予优先保障。国家财政性教育经费占国内生产总值的比例始终保持在4%以上，奠定了教育共享发展的坚实基础。我国各级各类教育加快发展，教育普及程度进一步提高。1950年，我国幼儿园数1799所，在园幼儿数14万人。2018年幼儿园数增加到26.7万所，增长147倍。在园幼儿数增长到4656万人，增长331倍，学前教育毛入园率从0.4%提高到81.7%，已经超过世界中高收入国家平均水平。1949年，小学学龄儿童净入学率20%，初中阶段毛入学率3%。2018年，小学学龄儿童净入学率提高到99.95%，初中阶段毛入学率提高到100.9%。1949年，高中阶段毛入学率1.1%，在校生人数44万人。2018年，在校生增加到3934.7万人，其中普通高中在校生2375.4万人，高中阶段毛入学率提高到88.8%已超过世界中上收入国家平均水平。2018年，全国共有1.16万所职业学校，中、高职招生达925.9万人，在校生达2689万人，职业教育已成为我国高中阶段教育和高等教育的"半壁江山"。新中国成立伊始，高等教育毛入学率只有0.26%，高校总数206所，本专科招生规模3.1万人。1977年11月，正式恢复高等教育招生考试，高等教育走上健康发展道路，全国570万考生参加高考，录取新生27.3万人。2018年，本专科招生规模增加到791万人，高校总数增加到2940所，毛入学率已达48.1%，我国已建成了世界上最大规模的高等教育教育体系。改革开放以来，累计有2.4亿人次参加了高等教育自学考试，累计培养本、专科毕业生1300多万人。远程教育、社区教育、老年教育蓬勃发展，人人学习、时时学习、处处学习的学习型社会建设不断加快。通过教育信息化促进优质

教育资源共享，五年来全国中小学互联网接入率从25%上升到94%，多媒体教室比例从不到40%增加到80%，中国教育卫星宽带传输网直接服务于近1亿农村中小学师生，全国6.4万个教学点实现数字教育资源全覆盖。第三方评估表明，我国教育总体发展水平跃居世界中上行列。

4. 牢固树立以人民为中心的发展思想，人民群众教育获得感明显增强

建成服务全民终身学习的现代教育体系，并发挥统领作用。主干是搭建沟通各级各类教育、衔接多种学习成果的终身学习立交桥，在正规教育、非正规教育、非正式学习领域创新服务业态，平衡政府和市场资源配置机制，形成多样化教育与学习服务有序健康发展格局。这将是建成人人皆学、处处能学、时时可学的学习型社会顶层设计方案。

涵盖国民教育体系关键阶段，为全面提高国民素质提供可靠保障。围绕普及有质量的学前教育、实现优质均衡的义务教育、全面普及高中阶段教育、职业教育服务能力显著提升、高等教育竞争力明显提升、残疾儿童少年享有适合的教育等六大重点细化部署。这将是让"幼有所育、学有所教"公共服务体系切实惠及亿万人民群众的关键环节。

形成全社会共同参与的教育治理新格局，夯实教育现代化的制度基础。通过变革教育治理方式，使教育管理体制和制度体系更加系统完备、科学规范、运行有效，形成政府、学校、社会依法共同参与教育治理的制度保障。这将是以教育治理现代化支持教育现代化、以教育现代化支撑国家现代化的总体思路。

5. 把提高质量作为教育的生命线，教育的社会贡献力显著提升

党的十八大以来，我们坚持把促进人的全面发展、适应社会需要作为衡量教育质量的根本标准，切实把教育资源配置和学校工作重点集中到强化教学环节、提高教育质量上来。深化基础教育人才培养模式改革，努力培养学生的创新精神和实践能力。大力发展现代职业教育，支撑"中国制造"走向"中国智造"。深化高校创新创业教育改革，培养了一大批创新

能力和实践能力强、适应经济社会发展需要的高质量各类型人才。推进具备条件的普通本科高校向应用型高校转变，提升服务区域经济社会发展的能力。高校在创新驱动发展战略中发挥着越来越重要的作用，在载人航天、量子通信、超级计算机等领域产出一批具有国际影响力的标志性成果。统筹推进世界一流大学和一流学科建设，我国高校在世界多项大学排行中位次整体大幅前移，部分学科已达到或接近世界一流水平。目前，我国已与47个国家和地区签署学历学位互认协议，2016年成为本科工程教育国际互认协议的正式成员，标志着我国的工程教育质量得到国际认可。

6. 注重教育综合性改革，以改革激发活力注入动力

党的十八大以来，我们坚持目标导向和问题导向相结合，坚持顶层设计和基层探索相结合，坚持综合改革和重点突破相结合，坚持改革创新与于法有据相结合，四梁八柱的改革框架已经搭建，改革的红利不断显现。抓住考试招生制度改革这一枢纽环节，全面启动自恢复高考以来最系统、最全面的一次改革，31个省（区、市）均形成高考改革实施方案。推进普通高中学业水平考试和学生综合素质评价，克服"一考定终身"，引导和促进学生全面发展。全面推进依法治教，《教育法》《高等教育法》《民办教育促进法》一揽子法律修订完成。完善以章程为统领的高校内部治理体系，全国普通本科高校章程制定核准工作基本完成。深化"放管服"改革，累计取消15项教育行政审批，扩大高校在学科专业设置、编制及岗位管理、职称评审等方面自主权。加强督导体系建设，全面强化督政、督学、评估监测三大功能。

7. 深化教育对外开放，中国教育国际竞争力日益增强

党的十八大以来，我们坚持主动服务国家开放战略，在国家开放大局中谋划教育新定位、展现教育新作为，全方位、多层次、宽领域的教育对外开放格局已经形成。2016年，来自205个国家和地区的40多万人次留学人员在华学习，我国成为亚洲最大、全球第三的留学目的国。建成一批

示范性高水平中外合作办学项目和机构，与世界上 188 个国家和地区建立了教育合作与交流关系，与 46 个重要国际组织开展教育合作与交流。成功建立中俄、中美、中欧、中英、中法、中印尼、中南非、中德 8 个高级别人文交流机制，人文交流已与政治互信、经贸合作一道成为我国外交的三大支柱。大力加强国别研究，重视培养小语种人才，更好服务"一带一路"建设。建成遍布全球 140 个国家和地区的 500 多所孔子学院和 1700 多个孔子课堂。

8. 全面加强教师队伍建设，以最优秀的人培养更优秀的人

党的十八大以来，我们始终把教师队伍建设作为最重要的基础性工程，努力造就一支能够肩负建设教育强国历史重任的高素质、专业化教师队伍。坚持师德为先，建立健全大中小学师德体系，引导广大教师以德立身、以德立学、以德施教，争做"四有好老师"，做好学生"四个引路人"。出台《乡村教师支持计划》，第一次从国家层面就支持乡村教师队伍建设制定专门政策，努力造就一支素质优良、甘于奉献、扎根乡村的教师队伍。建立乡村教师荣誉制度，为乡村学校从教 30 年的教师颁发荣誉证书。在中小学设置正高级职称，极大调动了教师长期从教、终身从教的积极性。到 2018 年，全国各级各类教育专任教师数量增加到 1672.85 万人。其中，普通小学专任教师 609.19 万人，学历合格率 99.97%，生师比 16.97∶1；初中专任教师 363.90 万人，学历合格率 99.86%，生师比 12.79∶1；普通高中专任教师 181.26 万人，学历合格率 98.41%，生师比 13.10∶1；中等职业教育学校共有专任教师 83.35 万人，生师比 19.10∶1；普通高校专任教师 167.28 万人，生师比 17.56∶1。教师队伍供给能力大幅度增加，结构不断优化，素质能力不断提升，有效满足了各级各类学校的师资需求和办学需要，为教育事业跨越式发展奠定了坚实的基础。党和政府坚持把加强思想政治素质和师德师风作为教师队伍建设的首要任务，加快发展教师教育，普遍推行提前招生、定向招生和公费培养制度，大力

推进教师专业化，教师教育体系由一元封闭走向多元开放，师范教育结构实现由"旧三级"向"新三级"转变，教师职前培养和职后培训由分离走向一体，教师教育基本实现了从满足数量需求到质量提升的重大转变。

到 2018 年，全国共有举办教师教育院校 605 所，其中高等师范院校 199 所，举办师范教育的非师范院校 406 所；具有教育硕士专业学位授权院校 144 所，其中师范院校 60 所，非师范院校 84 所；具有教育博士学位授权院校 27 所，其中师范大学 19 所，高水平综合性大学 8 所。在职高学历教师比例大幅度提高，2018 年，全国小学和初中专任教师中具有本科及以上学历的比例分别达到 59.12% 和 86.22%，普通高中专任教师中拥有研究生学历的比例达到 9.82%。中职和高职院校共有"双师型"教师 45.56 万人，占全国职业院校专任教师总数的 34.2%。以师范院校为主体、高水平非师范院校参与的中国特色师范教育体系初步形成。

总体上看，在以习近平同志为核心的党中央领导下，中国特色社会主义新时代的教育现代化迈入新征程，根本目的在于全面贯彻党的教育方针，坚持立德树人，促进人的全面发展，更好地适应全体国民的谋生发展需求，更好地服务于社会主义现代化建设；本质特征就是践行中国特色社会主义教育制度下的现代化，包括教育思想、教育内容、教育方法、教育手段等方面的现代化，尤其需要教育治理体系和治理能力现代化水平不断提高，逐步搭建起符合基本国情的、有利于全民终身学习的学习型社会。相信从现在到 2035 年，随着我国教育现代化持续提速和规划目标到位，社会主义现代化教育强国建设必将步入全新的境界。

办好具有中国特色世界水平的现代教育，是时代赋予我们的崇高使命，是党和人民赋予我们的重大责任。教育系统要紧密团结在以习近平同志为核心的党中央周围，解放思想、开拓创新、振奋精神、踏实工作，以优异的成绩迎接党的十九大胜利召开，为全面建成小康社会、实现中华民族伟大复兴的中国梦做出新的更大贡献。

第三节　中华优秀传统文化与教育的关系

教育的根本任务是立德树人，立德树人所立的是崇真向善之德、培育的是中国人，中华优秀传统文化构成魂之底色、育之方式和精神支撑，教育必须从中华传统文化中汲取精神营养。中华优秀传统文化的理想信念、价值取向、基本精神和育人方式中蕴含着滋养教育立德树人的宝贵智慧。

2014 年，教育部印发了《完善中华优秀传统文化教育指导纲要》的通知。2017 年，中共中央办公厅、国务院办公厅印发了《关于实施中华优秀传统文化传承发展工程的意见》，把中华优秀传统文化教育系统融入课程和教材体系，进一步加强有关学科教材传统文化内容，引导青少年学生树立和坚持正确的历史观、民族观、国家观、文化观，不断增强中华民族的归属感、认同感、尊严感、荣誉感在全国上下形成共识。2019 年，习近平在全国学校思想政治理论课教师座谈会上强调，办好思想政治理论课，最根本的是要全面贯彻党的教育方针，解决好培养什么人、怎样培养人、为谁培养人这个根本问题。加强和改进学生思想政治教育，上升到事关广大青年学生的健康成长，事关国家和民族的前途与命运的重大战略，成为一项基础工程、民心工程、希望工程和社会工程。

一、教育融入中华优秀传统文化的重要性

每个民族都有其民族精神，中华优秀传统文化是民族精神的重要承载。中华优秀传统文化是民族认同、安身立命、精神归根与心灵安放的精神家园，是民族凝聚力、创造力与生命力的活水源头。当代中国立德树人，培育的是中国人，中华优秀传统文化构成魂之底色、育之方式和精神支撑，教育必须从中华传统文化中汲取精神营养，是适应时代形势和应对

现实挑战的必然选择，是改变"重智育，轻智育""重教书，轻育人"现象的根本之道。

立德树人的教育目标与具有伦理特质的中华优秀传统文化具有内在契合之处。传承和弘扬中华优秀传统文化是一个社会系统工程，既需要顶层设计，又需要具体而微之。要以习近平总书记关于传承和弘扬中华优秀传统文化的新理念新思想新战略为指导，加强教材建设、队伍建设、平台建设、载体建设，开展丰富多彩的实践活动，使之真正落地落细落小落实。在立"什么德"上，不能割裂传统。传统是指在一定时空中存续和发展的族群，为实现共同发展目标通过协商、合作构成命运统一体，在共有的生活方式、思维方式和行为方式基础上逐渐产生的共同文化形态、社会心理、价值追求和思想行为方式的总和。传统既体现为能够代际相传的生活习惯和行为要求，也体现为一脉相承的思想观念和价值体系，其作为族群个体隐性的、强有力的精神标志，根植于个体内心并规约其行为。立德树人只有融合传统并在其中获得滋养，才能最终实现。这一点无论从中国古代社会立德树人与传统文化的内在嵌入，还是在当代资本主义社会承继传统并在制度要求下加以强化都可以得到侧面印证。当代中国立德树人必然蕴含中国独特的多元文化、民族精神与中华民族的道德观、价值观等，这些元素已经融入中华民族共同的精神特质、价值取向、理想信念中，成为"德"的重要思想底蕴，割裂与这些传统因素的内在关联，就意味着"德"失去了底色，会使"德"无处安放、无所附着。

在"育什么人"上，离不开文化的承载。文化具有整体上育人的功能，其总是潜移默化地对人认识世界、社会、他人和自我的基本观点发生影响，致使个体精神世界特别是其中的核心部分在文化熏染中不断确立。正是在这一意义上，恩格斯说"通过传统和教育承受了这些情感和观点的人，会以为这些情感和观点就是他的行为的真实动机和出发点"。文化是涵养人才成长的重要力量，文化育人是培育优秀人才的重要途径。传统文化中许多熠熠生辉的思想、价值与追求是人才培育不可或缺的元素与养分，其在长期发展过程中形成的价值观念、理想信念、思维方式、伦理道德、为人处世乃至审美情趣等，都是文化育人的重要承载。以文化人是新时期思政工作的新要求、新路径，其目标是不断提高学生的思想水平、政治觉悟、道德品质、文化素养，使之成为德才兼备、全面发展的人。以文化人有三大资源：原生本根性的中华优秀传统文化，有益滋养性的国外积极思想文化，发展增量性的当代中国新文化。新时期应强化使命担当与人格理想，礼敬崇高、追求卓越，回归为己之学，注重道德涵养以提升人的境界。

在"怎么树"上，需要挖掘阐发中华优秀传统文化的现实意义。儒家的国家治理以教化治人为目的，在于培养人的美德。现代国家治理是以公共事务管理、发展经济以及国家安全为目的和任务。从教化的政治目的而言，治国就是治民，只有修身方能治国；从现代国家治理的角度看，政治公共事务、经济发展、国家安全的任务成为重要内容，仅仅依赖修身是不能够治国平天下的。以爱国主义为核心的民族精神与以改革创新为核心的时代精神是数千年文化传承中中华民族最深层的心理、情感和文化认同，更是时代发展最迫切的呼声，它承接过去又延续未来：民族精神不仅构筑民族国家共同的文化根基，构成民族国家共同理想的现实基础，更是中华优秀传统文化思想精髓和民族国家发展实践理论自觉的集中体现；时代精神则是在新条件下把握时代发展的脉搏，总结时代发展的经验，反思时代发展的问题，归纳时代精神的现实要求的最新成果。两者的相互融合构成立德树人的精神支撑，立德树人就是要从时代角度筛选、过滤和总结中华优秀传统文化的精神精华，并使之发生创造性转化与创新性发展实现与时代发展要求的良性对接。这就需要我们用民族精神和时代精神服务于马克思主义中国化、时代化、大众化进程，铸牢科学信仰，构筑道德情操；也需要传承和升华中华优秀传统文化，培育和践行社会主义核心价值观，铸塑价值共识。

在充分肯定中华优秀传统文化在立德树人中重要作用的同时，我们也应清醒地看到，在农耕文明和小农经济、宗法制度环境下形成和发展起来的传统文化，不可避免地带有时代和阶级局限，无法承载中国社会发展全部精神支撑的功能。

必须站在时代和历史的高度，用马克思主义的方法对传统文化加以鉴别和分析，汲取中华优秀传统文化的精神滋养。只有把中华优秀传统文化界定为"立德树人"的精神滋养，才能更好地把握中华优秀传统文化与"立德树人"的关系，不至于偏离与失措，由此培育的"人"才是中国的、健康的、现代的。

中华优秀传统文化在"立德树人"中的功能定位之所以是精神滋养，是因为在立德树人中马克思主义理论是指导思想，其发挥思想统领作用；中华民族伟大复兴的中国梦是理想信念，其设计未来发展目标；社会主义核心价值观是价值基础，其统筹和汇聚社会价值共识。中华优秀传统文化的融入能够有效推动马克思主义中国化、时代化、大众化进程，更好实现对整个中华民族思想的统领和指导。中华优秀传统文化更是中华民族伟大复兴的精神滋养，中华民族伟大复兴体现对中华优秀传统文化精神基因的传承、对中国人民上下求索所确立共同理想的寄托、对每个中国人美好生活愿景的承载，是中华民族在理想信念层面的共同目标，蕴含着文化传统对社会发展的期待，也需要文化传统对其滋养。中华优秀传统文化还是社会主义核心价值观的精神滋养，"使中华传统文化成为涵养社会主义核心价值观的重要源泉"清晰表明两者之间的内在关联：社会主义核心价值观传承中华优秀传统文化的精神内核，延续中华民族群体生存方式和传统文化中的价值追求，使人们在价值观层面获得归属感、归宿感；中华优秀传统文化积淀民族共同的精神追求、传承民族的精神共识为社会主义核心价值观提供文化支撑和丰富资源，是文化自信和价值观自信的重要基础。

习近平强调，"要讲清楚每个国家和民族的历史传统、文化积淀、基本国情不同，其发展道路必然有自己的特色；讲清楚中华文化积淀着中华民族最深沉的精神追求，是中华民族生生不息、发展壮大的丰厚滋养；讲清楚中华优秀文化传统的突出优势，是我们最深厚的文化软实力；讲清楚中国特色社会主义道路植根于中华文化沃土、反映中国人的意愿、适应中国和时代发展进步要求有着深厚历史渊源和广泛现实基础"。从当下时代发展要求看，对源远流长的中华优秀传统文化应做一些深入的挖掘和阐发，这就需要我们坚持马克思主义的理论和方法指导，以中华民族伟大复兴为理想信念，以社会主义核心价值观为价值基石，更好地发挥传统文化的滋养作用，使之实现创造性转化、创新性发展，使其在新时代条件下焕发生机。

二、教育融入中华优秀传统文化的内容与方式

中华优秀传统文化在涵养中华民族精神、磨砺民族意志过程中，在时代的大浪淘沙、去芜存菁中，绽放着人性之美、思想之魅。其内在的理想信念、价值取向、基本精神和育人方式中蕴含着滋养立德树人的宝贵智慧。从中华优秀传统文化中汲取丰富的智慧，发挥其情感与道德感召力，保持其生命力与鲜活性，使人们的内心信仰、价值操守与精神原则与文化传统相契合，有助于科学信仰、价值共识与精神家园深入人心。中华优秀传统文化融入青少年教育是一个复杂系统工程，应遵循以下原则：政治性原则，传统文化包含多种政治取向和政治资源，要遵循中国特色社会主义道路和制度；选择性原则，选择标准是时代的要求和青少年的需要；准确性原则，需要具备训练出的功力，这样才能理解得准确；实效性原则，着眼实际效果；差异性原则，根据年龄、地域、性格，有不同针对性；艺术性原则，国学包含有艺术资源，可以充分地发掘运用。具体来讲：

一是理想信念。中华优秀传统文化以成圣成贤作为理想人格与人生追求，激励人们加强道德修养，完善人格操守，提高人生境界，完成"内圣"的实践功夫，实现人的价值与尊严；更通过社会实践，将内在人格力量外化于现实社会价值的创造中，实现治国平天下的宏大抱负。《大学》三纲领讲"明明德、新民、止于至善"，宗旨在于彰显人的品德，向内成己，向外成物，使人达到最完美的境界。"天下兴亡，匹夫有责""先天下之忧而忧，后天下之乐而乐"的信念激励着仁人志士为国家富强、民族复兴、人民幸福而努力抗争、不畏牺牲，留下了可歌可泣、惊天动地的感人事迹与壮美篇章。中华优秀传统文化蕴含着家国意识和爱国情怀，"立德树人"要构筑高尚道德情操、关注民族前途与国家命运，把个人理想与国家兴盛、民族富强、百姓幸福紧密相连。这充分展示中华文化自信的宏伟气度，也折射出华夏儿女内心深处的命运共同体意识。

二是价值取向。社会的核心价值观是社会所特有的价值系统和显著标志，是其赖以维系的价值基础，其总体现为与文化传统的承继关系。中华优秀传统文化的价值观以"仁"为核心，仁是对人之为人内在价值的肯定。从"仁"的核心价值出发，在生死取向上，杀身成仁，舍生取义；在义利取向上，重义轻利，见利思义；在国家与个人关系上，先公后私、公而忘私；在家庭范围内，以"孝道"为价值原则，父慈子孝，兄良弟悌，夫妻恩爱；在社会范围，以"爱人"为价值原则，由己达人，仁民爱物；在国家层面上，提倡"民本"，民重君轻，重社稷必爱百姓。由"亲亲""仁民"进一步拓展为"爱物"，爱物体现对人之外的自然与外部环境的尊重与爱护。这就与社会主义核心价值观对个体要求、社会要求和国家要求实现了整体对接，"中国古代历来讲格物致知、诚意正心、修身齐家、治国平天下。从某种角度看，格物致知、诚意正心、修身是个人层面的要求，齐家是社会层面的要求，治国平天下是国家层面的要求，我们提出的社会主义核心价值观，把涉及国家、社会、公民的价值要求融为一体，既体现了社会主义本质要求，继承了中华优秀传统文化，也吸收了世界文明有益成果，体现了时代要求"。此外中华优秀传统文化中的孝老爱亲、扬善扶正、见义勇为、敬业乐群、自强不息的传统美德与讲仁爱、重民本、守诚信、崇正义、尚和合、求大同的价值理念也是社会主义核心价值观的重要精神滋养。

三是精神追求。精神的重要价值在于识别民族身份，唤醒民族发展动力，激发民族创造性。张岱年先生曾把中华传统文化的基本精神概括为刚健有为、和与中、崇德利用、天人协调等。中华民族长久的自强不息、厚德载物的民族精神，众志成城的团结精神，公而忘私的奉献精神，舍我其谁的担当精神，构成了中华民族的爱国主义精神传统。恩格斯指出："每一个时代的理论思维，从而我们时代的理论思维，都是一种历史的产物，它在不同的时代具有完全不同的形式，同时具有完全不同的内容。"中华传统文化基本精神也需要呼应时代发展的迫切要求，革故鼎新的进取精神、重群克己的合作精神，"苟日新、日日新，又日新"的创新精神，"变则通，通则久"的变革精神，催生了改革创新时代精神。这一方面表明中华传统文化中蕴含着中国精神的精神基因和思想精髓，另一方面也表明中华传统文化能够以爱国主义为核心的民族精神鼓舞人心、凝聚动力，铸就中华儿女的精神家园和以改革创新为核心的时代精神，不断为中华民族注入新力量的过程中提供丰厚滋养和精神财富。

四是育人方式。中华优秀传统文化中蕴含着一系列行之有效的育人方式与原则，比如，因材施教、循循善诱、言传身教、教学相长等，具有长久魅力，富有育人智慧。中华优秀传统文化育人方式更多地融于"以文化人""以文育人"中，大量事实证明育人实践只有融入现实生活"洒扫应对"的日常生活中，成为自觉的"乡规民约""家风家训"，成为习惯性的人伦日用，才能有效约束引导人们的价值取向与实际行为。中华传统文化注重"以文化人"，"君子如欲化民成俗，其必由学乎！"（《礼学·学记》）通过社会教化、礼仪规范、纲常伦理、蒙学孝德、修身成贤及化民成俗，形成良好的社会风气，使人的外在行为规范与内在情操得以精进，人人向善，自然形成良好的社会秩序。"以文化人"也体现于"礼教""诗教""乐教"中，以"兴于诗、立于礼、成于乐"实现"成人"。"以文化人"更体现在各种仪式和各种表达中，比如，以婚丧嫁娶的仪式、祭祀、成人礼以及各种节日仪式"化人"，再如借用建筑、宗教、书法、绘画、碑刻、雕塑、戏剧、诗文典籍等各种形式实现"润物细无声"的教化。中华传统文化善于运用各种形式与不同载体，利用各种时机与场合，把文化育人融于日常生活中，构成立德树人实现方式的重要参照和借鉴。

三、教育融入中华优秀传统文化的途径和方法

中华优秀传统文化凝聚历史，承载当下，昭示未来，"要加强对中华优秀传统文化的挖掘和阐发，努力实现中华传统美德的创造性转化、创新性发展，把跨越时空、超越国度、富有永恒魅力、具有当代价值的文化精神弘扬起来"。作为转化对象的中华优秀传统文化不是被动地构成立德树人素材，而应通过重塑与创新，吸纳、融合时代精神，主动支撑与有效滋养"立德树人"。

从传统的"内圣外王"到"新四有"公民。传统文化的"内圣外王"是基于对人生的感悟，对心性修养的反省，对政治民生的关切，对社会伦理道德的体认，"内圣外王"之道是一套独具特色的有关人生、教育、伦理道德与社会政治的理想信念。所谓"内圣"，就是通过修身不断提升自身的道德水准和境界，为正己的功夫。所谓"外王"，就是将成就的高尚道德推而广之，及于家庭和社会，建立理想的社会和政治秩序，为正人的功夫。"外王"以"内圣"为前提和基础，"内圣"以"外王"为归宿和目标。两者在现代社会的转化体现为通过修身正己以实现正人的政治和社

会目标，实现个体价值与社会价值的统一。具体来说就是要通过对理想信念、价值操守和基本精神的内在道德铸塑，以达到个体道德与社会公德的同构；同时以育人为目标，尊重个体的价值，唤醒个体生命的理性自觉，追求内在道德指引下个体"自在自觉"的全面发展与提升，实现个体与民族国家协调、同步发展。新时期立德树人就是要培养有坚定的理想信念、正确的世界观、人生观和价值观，民族精神、民族美德、民族文化牢牢扎根心中，友善、互助、明理、自强、谦让、包容、诚信、节俭的传统美德融入血液，有信仰、有理性、有道德、有本事的"新四有"公民。新时期立德树人的"新四有"内涵，丰富"有道德"人才培育的其他核心内涵：一是"有信仰"，即有中国梦理想信念和马克思主义信仰。明确把"有梦想""有信念""有信仰"作为新时期关于"育什么人"整体战略的首要目标，决定了立德树人的整体规格和本质追求。"有信仰"在人的精神领域和能力素养结构体系中居于核心地位，发挥着思想引领和行为主导作用。二是"有理性"，即有以社会主义核心价值观为本质属性的价值操守。理性意味着成员个体能够对自己存在发展及其同社会整体关系有清醒正确的价值判断和价值选择，有判断是非善恶、荣辱功过的价值标准和价值操守。三是"有道德"，即有以中国精神为独特标志的精神境界和道德情操。"有道德"是"有奋斗""有仁爱之心""有道德情操""铁一般纪律、铁一般担当"的伦理基础和精神支撑，铸育具有以爱国主义为核心民族精神和以改革创新为核心时代精神的人，新时期立德树人才能获得现实生活基础，才能把育人在现实的道德与精神生活领域中凝结升华为精神境界和道德情操。四是"有本事"，即有符合当代中国经济社会发展专业分工及社会交往全面发展的能力担当。这是"有能力""有担当""有本领""有素养"对专业能力的整体要求。立德树人针对的是活跃在社会各领域的各职业人群，这些人群都在自己的社会分工与社会角色中实现自我与社会生活的充分融合，立德树人不能只强调"有信仰""有理性""有道德"等思想水平与道德素质，还要强调"德才兼备"，培养专业技能和综合才干。综上，围绕培育"有道德"的人整体目标，当代中国立德树人应该围绕"有信仰""有理性""有道德""有本事"核心内涵与总体规格，培养新时期中国特色社会主义的合格建设者与可靠接班人。

　　从传统价值到社会主义核心价值观。习近平强调重点发掘和阐发"讲仁爱、重民本、守诚信、崇正义、尚和合、求大同"的价值观。这六个方面表述了传统美德、政治理念、社会理想、民族精神的根本要素，是中华传统文化核心价值观的集中体现。不仅要讲清楚"讲仁爱、重民本、守诚信、崇正义、尚和合、求大同"的历史渊源、发展脉络、基本走向、价值理念与鲜明特色，也要梳理这些观念对社会主义核心价值观的涵养与转化。"仁爱"就是爱人爱物，有"仁爱"之心，才能成己成人成物，仁爱是"和谐""公正""敬业""友善"的源泉。"民本"的基本价值理念包括"立君为民""民为邦本""仁民爱民"等重要古训，传统民本思想向民主价值观的转化，需要使其服务于人民当家做主的政治制度。诚信是进德修业之根，也是治国为政之本，继承、发展、创新诚信文化，需要使其服务于建设诚信社会、诚信政府、诚信企业和培养诚信个人。正义是人类文明的普遍法则与基本价值，传统文化中的道义为先、舍生取义影响深远，可以为形成崇尚正义、富于奉献、自觉维护社会公平与公正的社会氛围注入思想资源。和合是中华心、民族魂的基本标志，也是多元性、包容性的中华民族独特理论思维方式的重要体现，面对自然、社会、国家、人际、文明间的冲突，需要以和爱公正化解与融合矛盾。大同是中国社会自古以来的理想，在近代到现代的思想探索与政治实践中，大同理想都发挥过重要作用，从大同理想出发接纳自由、民主、公平、平等现代价值，使之与当代社会的政治理想接轨，能助力于在"旧邦新命"中实现中华民族的伟大复兴。社会主义核心价值观作为意识形态本质要求的观念支撑，更作为道德生成的逻辑中介，在立德树人中奠定"最大公约数"的价值基础，也使其在统筹传统文化与时代要求、理想信念与现实基础、主流意识形态和多元社会思潮过程中发挥巨大的作用。"把培育和弘扬社会主义核心价值观作为凝魂聚气、强基固本的基础工程"，使其融入社会生活，成为人们自觉的价值选择，既是个体层面以价值底线和价值标准凝聚共识的有效方式，也是在群体层面有层次、有重点落实立德树人的重要抓手，更是在全局层面实现为民族寻根、为社会立德、为国家圆梦的价值基石。

从传统修身教化到富含时代内涵的教育感染。传统文化注重修身教化，修身是陶冶身心，涵养德行，是为了培养优秀的道德品格与高尚的道德人格而进行的自我磨炼与力求完美的品格追求；教化是通过礼乐教育与道德教育而实现人心风俗的变化，是政教风化、教育感化与环境影响等各种因素综合运用的育人方略。在漫长的传统社会，自给自足的生产方式与传统的价值取向使修身与教化备受推崇。在今天开放、民主、鲜活的社会与快节奏的生活方式下，规范社会意识、传承美好道德需要对修身教化进行创造性转化。传统修身体教化的言传身教、俗约规化可以通过发挥学校、家庭与社会的合力有效达成，创设优良的家庭环境、社区环境、工作环境与群体环境，发挥环境间良好的感染作用是当代修身教化的重要方式。在家庭中以尊老为例，现在社会尊老不必像《弟子规》里所说："长者立，幼勿坐，长者坐，命乃坐。"晚辈应该尊敬长者，长辈也应给予晚辈人格上的平等，这样的转化更富有进步意义与时代价值。当代中国社会意识形态所铸育的是以马克思主义为信仰导向，以中国特色社会主义为根本属性，以中华民族共同价值体认为共识基础，以中华民族共有精神家园为独特标志，以当代世界文明发展为成果借鉴的当代道德。

"立德树人"需要坚持马克思主义指导，传承中华文化基因，展现中华文明风范，继承弘扬传统美德。现时代的"立德树人"须从不断绵延演化的历史进程中理解传统文化与时代在过去、现在与未来之间的关系，科学分析、鉴别和挖掘中华传统文化的思想精华，使中华优秀传统文化薪火相传，为信仰确立、价值重铸与精神成长提供有益的精神滋养。习近平反复强调："对历史文化特别是先人传承下来的价值理念和道德规范，要坚持古为今用、推陈出新，有鉴别地加以对待，有扬弃地予以继承，努力用中华民族创造的一切精神财富来以文化人、以文育人。"如何发挥传统文化的现实价值，关键取决于我们如何从现实出发来诠释和理解它，并结合时代精神进行创造性转化和创新性发展。习近平对中国古代知行观进行创造性转化和创新性发展的实践，为我们进一步继承和弘扬中华优秀传统文化提供了方法论指导和借鉴性示范。

四、教育融入中华优秀传统文化要坚持马克思主义立场

习近平总书记在纪念马克思诞辰 200 周年大会讲话中说：马克思主义不仅深刻改变了世界，也深刻改变了中国。实践证明，马克思主义的命运早已同中国共产党的命运、中国人民的命运、中华民族的命运紧紧连在一起，它的科学性和真理性在中国得到了充分检验，它的人民性和实践性在中国得到了充分贯彻，它的开放性和时代性在中国得到了充分彰显。实践还证明，马克思主义为中国革命、建设、改革提供了强大思想武器，使中国这个古老的东方大国创造了人类历史上前所未有的发展奇迹。

弘扬中华优秀传统文化是教育的重要任务和使命，既要看到两者的不同点，明确马克思主义进入中国、马克思主义指导地位的必要性和重要意义；也要看到二者的契合点、相同点、相通点很多，是马克思主义能够在中国生根发芽、不断壮大的基础，是推进马克思主义中国化可能性和可行性的重要前提。

将马克思主义理论与中华优秀传统文化相结合是中国特色社会主义建设的必由之路。选择马克思主义，一个重要原因在于马克思主义理论与中国传统文化在思维方式、价值观念等方面存在内在契合性；马克思主义中

国化，其中包含马克思主义理论与中国传统文化相结合。

将中华优秀传统文化融入主流意识形态教育，需要在根本上融通马克思主义理论、中国传统文化和西方文化。我们要对导致百年来体用之争的本体论思维做出检讨，以海纳百川的开放胸怀会通中西，以舍我其谁的担当精神实现马克思主义理论的中国化和传统文化的现代化，力求做出真正符合中国特色社会主义实践要求、反映中国特色社会主义创新精神的理论成果。

现在很多学生的理想信念"缺钙"，一个很重要的原因在于我们从理论上把它虚化了。应在马克思主义"人的科学"基础上，汲取中华优秀传统文化身心方面大量实证的理论和方法，结合现代科学文明，从理论建构上充实我们的理想信念内涵，回应现实生活和心灵世界的关切与需求。

中华优秀传统文化的传承发展，应包含中华信仰体系的传承发展。在厘清中华信仰体系的基础上，结合当今时代特征，引导中华信仰体系的传承发展与马克思主义信仰体系中国化、大众化、时代化的交流交锋交融，逐步构建层次明显、开放包容、科学理性、公正民主、有机统一的中华信仰体系。重视民众内心敬畏领域的重建，合理处理体系内不同信仰之间的关系，注意祭祀活动的重要地位和作用。

由于马克思主义教育的弱化，宗教满足了学生的某些内心需求和期望，能够被越来越多的学生接受、依赖和信服。大学生信教的途径主要有：现实中的宗教组织或个人阅读书籍等；浏览宗教网站获得宗教信息。我们必须在坚持国家宗教政策、尊重学生信仰自由的前提下，引导学生宗教观念，加强校园宗教活动管理，鼓励学生参与实践活动，强化心理辅导。

当代学生不同程度上存在传统文化底蕴薄弱、价值观念混乱、心灵空虚、外来宗教渗透信仰等问题。学生信仰出了问题，绝不是他们个人的小事，而是整个国家民族社会的大事。只有坚守中华文化本位不动摇，强基固本，在潜移默化和春风化雨中提升传统文化素养和学识修养，当代学生才能在纷繁复杂、多元多样的思想价值观念挑战中建立防线、守住底线，坚定正确的信仰，做出正确的选择，将中华优秀传统文化内化于心、外化于行。

第四节　中国古代教育融入家庭教育的启发

习近平总书记在 2015 年春节团拜会上讲话时讲道："家庭是社会的基本细胞，是人生的第一所学校。不论时代发生多大变化，不论生活格局发生多大变化，我们都要重视家庭建设，注重家庭、注重家教、注重家风，紧密结合培育和弘扬社会主义核心价值观，发扬光大中华民族传统家庭美德，促进家庭和睦，促进亲人相亲相爱，促进下一代健康成长，促进老年人老有所养，使千千万万个家庭成为国家发展、民族进步、社会和谐的重要基点。"① 2016 年 12 月 12 日，在会见第一届全国文明家庭代表时，习近平总书记强调："家庭是人生的第一个课堂，父母是孩子的第一任老师。孩子们从牙牙学语起就开始接受家教，有什么样的家教，就有什么样的人。家庭教育涉及很多方面，但最重要的是品德教育，是如何做人的教育。"

一、中国古代教育对孩子成长的意义

中国自古以来就是家庭教育十分发达的国度。悠久的文化历史传统使得传统家庭教育拥有独特的内容和形式，并且与中国的社会发展息息相关。对今天的家庭教育也有很多值得借鉴和学习的地方。

---

① 习近平：在 2015 年春节团拜会上的讲话 [EB/OL]. 新华网，2015 – 02 – 17.

1. 培育传统道德根基，塑造和谐生命

中华民族是一个以和为贵的民族，我们的老祖宗认为，一个完整的生命是和谐的，包括与自身、家庭、社会、自然、哲学等诸多方面的和谐，这样的和谐思想包含在各类国学经典作品里。通过家庭实施国学教育，会不断培育出传统道德根基，对于一个和谐生命的塑造，对于一个和谐家庭的维护，有极大的促进作用。

2. 积累经典文化常识，酝酿深厚文化底蕴

国学是历史与文化的所在，是一个民族的根本；国学是一种经过时间沉淀而凝成的文化，是真正的经典。它荟萃了中华上下五千年的思想文化精华，是中华民族宝贵的精神财富。在家庭中督促孩子诵读大量的经典名著，能学习到大量的经典文化常识，可以在记忆里留下深厚的文化烙印，酝酿出深厚的文化底蕴，提高右脑开发思维模式。

3. 培养写作能力，打下坚实的语文根基

家长对孩子的写作十分头疼，其实从小教育孩子诵读学习国学经典著作，时间一久，自然而然地不会仅仅满足于字面，字、词、句、篇、义、理、德的学习追求过程会不断递进，这个过程中必然会培养孩子们的写作能力与右脑的记忆力，为将来的学习工作打下坚实的语文根基。现代的一些文学大师、文化大伽，不都是受过传统教育走出来的吗？孩子们读了文言文，再写白话文，便像学过美声的人唱通俗歌曲一样轻松。

4. 培养提升演说水平

"熟读唐诗三百首，不会作诗也会吟。"中国传统教育的精髓就是诵读，古代的私塾，孩子们先把文章背诵得滚瓜烂熟，老先生再进行串讲。这样的诵读，肯定会积累大量的名言警句与人生道理和智慧，对于培养一个人的口才，有极为显著的作用，从小诵读学习国学经典著作，无疑会培养提升学习者的演说水平。

5. 启发智力，开拓潜能

古人说，"三岁看大，七岁看老"，这话是有一定道理的。现代科学研究结果得出，人的一生中，1 至 13 周岁的时间段是学习的黄金时期，记忆学习能力是一生中最强的时期，这个时期的学习将会影响孩子们下半生更多潜能的开拓与发挥。孩子们从小诵读国学，可以促进智力的发展，包括记忆、思维、想象等诸多智力因素的发展。所以，在一个孩子的记忆处于黄金时期的时候（13 周岁之前），让孩子们有选择性地学习一些国学经典作品，是必要且可行的。

6. 人生成功的奠基石和导航仪

改革开放后，人们越来越崇尚学习西方社会充斥着拜金主义急功近利烙印的成功学，殊不知，东方社会的中国式成功学早就在古往今来的历史中发挥着不可磨灭的作用和影响力：孔孟老庄不必说，从小师从荀子的李斯位极人臣，罢黜百家、独尊儒术的汉代博士董仲舒，诗仙李白 10 岁精通四书五经，北宋宰相赵普半部《论语》治天下。熟读《三字经》，孩子们便自觉刻苦学习，有孔孟做伴，读书不再无味，守弱胜强，仁义当先。《中庸》开路，《孙子兵法》谋事。有此导航，这世间还什么事攻克不下，还有什么道路不能身赴成功。

7. 修身养性回归人性自然

学习经典国学文化，我们能与孔孟交流，以圣贤为友，清新儒雅；诵读唐诗宋词，我们能穿越时空，领略圣朝古风，存储或支取昂贵的精神财富。在现代这物欲横流、人心浮躁的经济时代，孩子们若能口诵经典，恪守儒家道德，腹有诗书气自华，那么孩子们的人生一定充实丰富，生活一定格外幸福。

二、中国古代教育对"家风"的塑造

"家风"是一个家族传承下来的一些好的理念、好的传统，也叫祖训。

这些都是先人总结的社会经验，所以作为后辈应该加强理解、合理保护、继续传承，发扬光大。每一个家族的家风都是经过历史检验、社会实践，经过不断总结，先人留给后人的宝贵精神遗产，比传家宝更金贵。

"家风"是家庭成员所追求的价值取向，就是要"存好心"。"家风"中最核心的还是价值取向问题，就是这个家庭或家族成员要树立什么样的世界观、人生观和价值观。这是做人的根本，就是所谓"做人先修心"。人的"三观"的确立，受家庭影响深远，父辈的追求往往就能在言行中充分体现出来，其影响和熏陶，对后人起到非常重要的示范作用，这就是潜移默化、近朱者赤。

"家风"是家庭成员所遵循的道德准则，就是要"做好人"。修心的目的是"做好人"，这也是绝大多数家庭"家风"所遵循的最基本的准则。好的"家风"一定能体现在家庭伦理、家庭美德上，靠"家风"的力量，在思想道德上约束家庭成员，在文明、和谐、健康、向上的氛围中生存发展，成为真正意义上的好人。好人，一定是在道德上严格自律，在法律上自觉遵守、严于律己、宽以待人、道德高尚、遵纪守法的人。

"家风"是家庭成员所沿袭的做事原则，就是要"行好事"。修心是为了"做好人"，"做好人"是为了"行好事"，就是我们常说的"先做人，后做事"。我们中华民族许许多多老祖宗留下的技艺技法，许多物质和非物质文化遗产能够流传至今，有相当一部分都打下了"家族传承"的烙印，而这种烙印，其实就是"家风"的传承。对于现代家庭米讲，有一个好的"家风"，其家庭成员必定是勤勉敬业，踏实务实，能做事、做好事的人。

1. 忠厚传家久

古人说："忠厚传家久，诗书继世长。"一个家庭如果善良仁德，可以传承十代以上。范仲淹家族就是最好的例子。范仲淹是北宋朝廷重臣，他在任的时候，救济学子，减少徭役，善行惠泽天下。别人相中一块风水宝地，要给他当府邸，他拒绝之后，把这块风水宝地建成书院。他说，希望大家都能享受到这块好风水。北宋土地兼并严重，很多的豪门大族家里土地千顷，平民百姓却没有土地，流离失所。范仲淹毅然建立义田，把几千亩的田地作为公益田，让他们免受饥寒之苦。后来因为战乱，义田遭到毁坏，他的后代却毅然扛起义田复兴的责任，几次被毁，几次重建。范家后代继承了他的善心，将他的善行延续了几百年。范仲淹在家族种下了一颗忠厚善良的种子，他的后代不断施肥灌溉，直到它变成一棵苍天大树，这棵大树庇护着他的后代子孙，从宋朝一直到清末，整整 800 年的时间里，兴旺不衰。

一个在宽厚善良家庭里长大的孩子，气质更有亲和力，他们会有更好的人缘，更广阔的人脉。古人说："人而好善，福虽未至，祸其远矣。"对于孩子来说，善良与正直是最好的护身符。

育人先正己，父母的言行永远是孩子的榜样，好的家教和门风，给孩子良好的成长环境，才能让孩子有所为，走入社会才能有大作为，影响一生。

常言道："子不教，父之过。"如果我们的孩子不成器，天天惹是生非，表现得很没教养，别人在指责的时候绝对不会说是老师没教育好，也不会说小伙伴把他带坏了，只会说："这孩子家教不好！""有其父必有其子，有其母必有其女！""不是一家人，不进一家门，全家一个德行！"有人说，家教与门风，是最大的家庭资产。好的家教与门风，就是潜力股，会让孩子在未来的社会里，畅意人生。树立好的家教与门风，就是一个家庭最丰厚的财富，子孙后代取之不尽、用之不竭。

"忠厚传家久，诗书继世长"是中国大多数家族推崇的经典家训之一。上句是说人品德忠厚才能传家，下句则是强调文化知识在家族传承中的作用。

短短的 10 个字，却体现着传统社会人们对于家风家教的理解与重视，显示出传统文化的独特魅力。何谓忠厚？忠不是现在词义上的忠，而是包含忠诚、仁义、正直、宽容、谦让、善良，厚则是厚道、厚积。

子曰："道德传家，十代以上，耕读传家次之，诗书传家又次之，富贵传家，不过三代。"然而，河南巩县的康氏家族却延续了400余年，确切地说，康氏家族自第六代康绍敬于16世纪嘉靖年间，在康店村建立起第一家小店开始，截至18代康庭兰，中国土改运动开始为止，一共传承12代，堪称中国历史上有记载以来最长寿的家族企业。康家崇尚耕读，康家子弟都得到良好的教育。康家教育子孙的家训是：

> 结交务存吃亏心，酬酢务存退让心，
> 日用务存节俭心，操持务存感恩心，
> 愿使人鄙我疾，勿使人防我诈也，
> 前人之愚，断非后人之智所可及，
> 忠厚留有余。

此家训意在告诫康氏子孙，在经商结交过程中勿求凡事有利于己，要努力实现一定程度的利益平衡，留余于人，以保持商业关系的持续稳定；日常交际中要懂得谦恭退让，以保持人际关系的和谐；要学会精打细算、勤俭持家；家族子孙定要"施惠勿念，受恩莫忘"。哪怕让别人看不起自己的愚拙，也不能让其处处提防自己的巧诈，立身行事。"巧诈"固然可以欺人一时，谋一时之利益，但不会长久；"拙诚"虽然短时间内可能会吃亏，却可以取信于人，涵养操守，立稳人生与事业的根基。

短短70余字中，蕴藏的却是康百万家族留余忌尽、忠厚传家的大智慧。400多年来，在家训的熏陶下，康家历代子孙大多向上向善、勤奋好学，从而保持了家族的持续昌盛。

老子在《道德经》说："是以圣人处无为之事，行不言之教。"也就是说，好的家教和门风，需要家长以身作则，用自己的言行来主导孩子，这样的行为胜过千言万语。

晚清名臣曾国藩，官居要职，家境丰厚。但他却教育子女，衣食起居，无一不与寒士相同，庶可以成大器；若沾染富贵气习，则难望有成。虽然家庭条件优越，但是曾国藩却穷养子女，意在培养他们的独立性，不靠家庭靠自己。结果，曾家的孩子都成才了。

无论工作怎样忙曾国藩都不忘教育子女。曾国藩有写家书的习惯，据说曾国藩仅在1861年就写了不下253封家书，通过写家书不断训导教育弟弟和子女，在曾国藩的言传身教之下，曾家后人人才辈出。曾国藩留有十六字治家名言：

家俭则兴，人勤则健，

能勤能俭，永不贫贱。

曾国藩每天日理万机，自晨至晚，勤奋工作，从不懈怠，给子女树立了很好的榜样。主要公文均自批自拟，很少假手他人。晚年右目失明，仍然坚持不懈。他写日记，直到临死之前一日才停止。

育人先正己，父母的言行是孩子的榜样，好的家教与门风，给孩子良好的成长环境，才能让孩子有所为，走入社会才能有大作为。

古语说得好：儿孙若有用，留钱干什么？儿孙若没用，留钱干什么？比起钱，教给孩子好的品德，有用的能力，传承好的家风，才更是一个家庭的传家之宝。

2. 勤劳立身家

萧何对汉朝的建立，厥功至伟。立国之后，刘邦给他很多良田美宅。但是萧何却都退了回去，反而选了一些贫瘠的土地。刘邦不解，萧何说：土地贫瘠可以让子孙勤劳耕种，良田收成好，反而会让孩子好吃懒做，长此以往，萧家迟早要没落。事实也确实如此。汉朝立国百年之后，大部分的家族都已经没落，只有萧家依然兴盛。反观当下，很多家庭把孩子捧在手心，用心呵护，溺爱无度。孩子四体不勤，五谷不分，饭来张口，衣来伸手，慢慢变得虚荣懒惰，这一辈子也就毁了。萧何笃行的是实践教育，让孩子去做义工、去打工，去自己实践和锻炼，而不是像主流，只要孩子好好学习，家长就负责包办一切。

勤劳和努力，才能造就一个孩子的独立人格。

曾国藩所说："子侄除读书外，教之扫屋、抹桌凳、收粪、锄草，是极好之事，切不可以为有损架子而不为也。"总想着把最好的东西直接塞到孩子手里，是在伤害孩子。

好的教育，是让孩子懂得辛苦，引导孩子学会勤劳和努力，这才是对孩子最深邃的馈赠。

3. 诗书继世长

读书是最好的习惯。积钱不如教子，闲坐不如看书。对于普通人来说，读书，是最低门槛的高贵。对于一个家庭来说，读书，是最好的习惯。在书里，我们能认识山川大海，世故人情，能开阔眼界，去聆听智者的人生感悟。

读书能开阔人的眼界，给人以精神的动力与养料，使人心胸豁达，目光高远，成为一个阅历丰富的人。

就像清代姚文田说："世间数百年旧家无非积德，天下第一件好事还是读书。"

孔氏家族的祖训"崇儒重道，好礼尚德，勿要读书明理"，就是要奉劝孔氏后人学习孔孟之道，重视礼仪，重视德行，切记要多读书。读书，是一个家庭最好的习惯，是一个孩子最好的教育。从小给孩子读书，或者陪伴孩子读书，其实是你有意识地给孩子种下一颗爱读书、求上进的种子，有一天你会发现，书就像一艘艘船，带领着孩子从狭隘的地方，驶向广阔无垠的海洋。坚持在每天一个比较固定的时间给小孩读书或者陪伴孩子读书，会提升彼此的亲密感，也会让孩子有所期待，期待属于自己的时光。

书中世界包罗万象，无奇不有。多给孩子看看各个领域的书，可以开阔他们的眼界，增长多方面的知识，激发他们的好奇心。

古代勤奋读书的例子很多，比如，"凿壁偷光""囊萤映雪""负薪挂角""悬梁刺股"等，其实，现代社会大可不必这样，读书本来就是一件快乐的事情。

田间收种忙，案头文墨香。在中国古代传统的家庭生活中，耕读密不可分。晴耕雨读，田园牧歌，刚放下锄头，又拿起书本，是很多家庭的真实生活写照。这种经久场景形成的传统反映在家规家训中就是对读书的高度重视。被誉为"治家之经"的朱柏庐《治家格言》认为，读书不分资质，不分男女，凡人皆可以也应该读书："子孙虽愚，经书不可不读。"福建连城的培田吴氏则在家训中直截了当地表明："士为民首，读书最高。"

那么古人缘何对读书如此看重？在他们看来，读书是一件很容易学会而又值得推崇的本事。被誉为"家训之祖"的颜之推《颜氏家训》中说："谚曰：'积财千万，不如薄伎在身。'伎之易习而可贵者，无过读书也。"

遗子万金不如教子一经。黄庭坚有诗曰："藏书万卷可教子，遗金满籝常作灾。"古人很早就认识到家族血脉的传承，不是财富的传承，也不是官职的传承，而是文化的传承。祖宗留下的房子，再坚固也是会倒的，留下的财富再多也是会用尽的，只有书香、品德，才可以润泽久远，世代绵延。

学而优则仕。经由读书中举，进而做官，被古人认为是经世致用的重要途径。然而读书不能只是为了科举，带着做官的目的去读书。郑板桥给弟弟郑墨的家书中明确说："夫读书中举，中进士，作官，此是小事，第一要明理作个好人。"明末清初著名理学家孙奇逢在《孝友堂家训》中也说："古人读书，取科第犹为第二事，全为明道理、做好人。"

也就是说，不管读书将来有何用，开卷读书即有益。抱着这种心态，读书实际上是一件很美好的事情，不少人在家书中也都以自己的亲身经历讲述读书的乐趣。"好读书，不求甚解"的五柳先生陶渊明就在家书中写道："少学琴书，偶爱闲静，开卷有得，便欣然忘食。"明末文学家、书画家陈继儒在《安得长者言》中则说："闭门即是深山，读书随处净土。"不拘外物，怡然自得，此种境界，令人向往。

经书宜博学，无惮历艰辛。翻阅中国传统家规家训，对"勤读书"的强调相当普遍。《范文正公家训百字铭》中说："勤读圣贤书，尊师如重亲。"范文正公即范仲淹，是个勤奋读书的典型。"断齑画粥"的典故就生动反映了他的苦读情形。青年时期的范仲淹曾到山东邹平长白山醴泉寺求学。读书心切的他把醴泉寺丰富的藏书都借了出来，然后把自己关在山洞里，足不出户，潜心阅读，常常看书通宵达旦。为了解决吃饭问题，他每天晚上用糙米煮好一盆稀饭，等第二天早上凝成冻后，划成四块，早上吃两块，晚上吃两块，没有菜，就切一些腌菜下饭。就这样坚持三年，终于读完了寺院所有的书。后来，范仲淹曾在《齑赋》中如此描述当时的艰苦生活："陶家瓮内，腌成碧绿青黄；措大口中，嚼出宫商角徵。"

"幼儿曹，听教诲：勤读书，要孝弟；学谦恭，循礼义；节饮食，戒游戏；毋说谎，毋贪利……"这是王守仁家书《示宪儿》开头的一段，"勤读书"被放在了第一位。王守仁小的时候曾一度痴迷于象棋，以至于到了规劝不止、学不思进的地步，父亲王华感到他有点玩物丧志，有一次一怒之下将棋子扔进了河里。从此以后，勤读书、戒游戏、做良士、成圣贤便成为王守仁毕生的追求。

被誉为"天下廉吏第一"的于成龙也是个勤读的励志哥，他45岁出仕为官之前，曾在家乡附近的千年古刹安国寺苦读六年，至今当地遗存有"于清端公读书楼"。

于成龙山寺六载时光，素衣斋食，清心寡欲，吟风沐雪，致学经典，立志"吾儒治经须惜分阴以砺其学"，以"读书宜明行术，不徒虚声以盗名誉"为读书之目的、人生之信念，这为他后来 20 多年仕宦生涯中一直坚守廉政勤能的品行打下了坚实的思想基础。

这种坚持与习惯也传之后人。《于氏家训》中说："我愿子弟小心敬畏，虽进学，与平人无异，埋头读书。"

南宋大儒朱熹在《童蒙须知》中说："余尝谓读书有三到，谓心到、眼到、口到。心不在此，则眼不看仔细，心眼既不专一，却只漫浪诵读，决不能记，记亦不能久也。三到之中，心到最急，心既到矣，眼口岂不到乎？"

古人读书名副其实，不但要用眼睛看、高声朗读，并且要抄、背、默，用心用脑。康熙朝理学名臣李光地在《家训·谕儿》中说："凡书，目过口过，总不如手过。盖手动则心必随之。虽览诵二十遍，不如钞撮一次之功多也。"看过或诵读过，都不如读书时动手更有其效。这是因为，动手之时势必动脑，动脑则有助于理解书中的含义。

至于书须精读还是泛读，古人也各有看法。张英在《聪训斋语》中说："读书作文须凝神静气，目光迥然……多读文而不熟，如将不练之兵，临时全不得用，徒疲精劳神，与操空拳者无异。"在张英看来，读的文章很多但不深入理解，就像将领不操练士兵，面临打仗时全用不上，白白浪费精神。

曾国藩读书是出了名的"慢"，特别强调耐心、专一。道光二十三年正月十七日给诸弟的家书中，他是这么说的："读经有一耐字诀：一句不通，不看下句；今日不通，明日再读；今年不精，明年再读。"读子部、集部，"但当读一人之专集，不当东翻西阅""一集未读完，断断不换他集"。

实际上，精读和泛读并不冲突，两者可以并用，也可以交替使用，全依所看之书和所读之人。梁启超就提供了一个可供操作的"范本":"每日所读之书,最好分两类:一类是精熟的;一类是浏览的……精读之部,每日指定某时刻读它,读时一字不放过,读完一部才读别部,想抄录的随读随抄。另外指出一时刻,随意浏览,觉得有趣注意细看,觉得无趣,便翻次页。"

当然,读书的过程不只是把书看完,还要去践行。正如吕祖谦在《家范·学规》中所说,"凡与此学者,以讲求经旨、明理躬行为本",读书最终要映射自身,躬行实践。

左宗棠在给妻弟周汝充的书信中说:"读书时,须细看古人处一事,接一物,是如何思量?如何气象?及自己处事接物时,又细心将古人比拟。设若古人当此,其措置之法,当是如何?我自己任性为之,又当如何?然后自己过错始见,古人道理始出。断不可以古人之书,与自己处事接物为两事。"

读书是与他人的精神交流、灵魂对话,要带着自己的思考去读,否则感觉所读之书美则美矣、趣则趣矣,却于己了无所得,这便是"未读时是此等人,读了后又只是此等人",读了书和没读一个样。

曾国藩曾说:"若读书不能体贴到身上去……则读书何用?虽使能文能诗,博雅自诩,亦只算得识字之牧猪奴耳!"

在曾氏看来,读书之道关键在于"体贴到身上去",虚心涵泳,切己体察,真正让知识、思考融入自身,知行合一,止于至善。

4. 溺爱不可取

孩子会长大,需要独立,家长无法陪伴孩子一生,过分溺爱孩子,孩子的独立性差,过分依赖父母,如果离开父母就会缺乏独立性,无责任感,不自信,自卑,这样的孩子长大以后会成为问题最多的孩子。

朱熹讲:"溺爱者不明,贪得者无厌。"方孝孺说:"爱其子而不教,犹为不爱也;教而不以善,犹为不教也。"唐代诗人罗隐有两句赠友诗:

"国计已推肝胆许，家财不为子孙谋。"他推崇的是为国家大计要不惜肝胆涂地，却万万不要为子孙谋家财。林则徐写有一副对联："子孙若如我，留财做什么？贤而多财，则损其志。子孙不如我，留钱做什么？愚而多财，益增其过。"意思是说，如果子孙后代像我这么廉洁，留钱给他干什么，他本来就很贤明，我把钱和财产留给他反而损害了他奋斗的意志。子孙不如我，那留钱给他，反而使他好逸恶劳，坐吃山空。留的钱越多，他就越是胡作非为，越是增加其过错。

司马光的母亲就曾经说过："作为人母，不患其不慈，而患其只知爱而不知教。古人说得好：'慈母败子。'爱而不教，使子女成为大奸大恶之人，甚至被判刑、杀头，这不是别人唆使的，正是母亲纵容的结果。"正因为如此，小时候喜欢飞鹰、走狗的寇准，被严厉的母亲用秤砣砸伤脚面，"中足流血"。这一砸，让寇准幡然醒悟，从此开始发奋苦读。做了宰相后，寇准还常常抚摸着脚上的疤痕，哭念母亲。

苏轼的父亲苏洵常年在外游历，母亲程氏自然就担负起了教导苏轼读书的任务。有一天，母子俩读东汉《范滂传》，苏轼对母亲说："我想做范滂这样的人，母亲答应吗？"程氏说："你能做范滂，我怎么就不能做严格教子的范母呢？"欧阳修4岁丧父，他的母亲郑氏守节不嫁，亲自教导欧阳修读书学习，由于家中贫困，买不起笔墨纸砚，母亲就叫欧阳修拿芦荻在沙地上练习写字，后来欧阳修不负母望，官至副宰相。与之相同的还有真德秀的母亲吴氏等。她们已经深深懂得，教育好儿子仅仅靠"母慈"是远远不够的，还要靠感情、靠能力、靠威严。

疼爱自己的孩子，而不加以教育，这等于没有疼爱他；如果教育孩子又不引导他上进，这等于没教育他。教不好孩子，一辈子都要扶着他走。与其到老了还战战兢兢，如履薄冰，不如一开始就教给孩子好的家风和家教，毕竟，家风和家教，是关乎孩子一辈子的大事儿。

第五节　中国职业本科教育的改革途径

2019 年 5 月底，教育部正式公布了首批本科职业教育试点高校更名结果，原来的 15 所学校由"职业学院"正式更名为"职业大学"，全国首批"职业大学"正式诞生。

一、对本科职业教育的认识和理解

2019 年 1 月，国务院印发《国家职业教育改革实施方案》（以下简称《方案》）。《方案》提出，职业教育和普通教育是两种不同的教育类型，具有同等重要的地位。随着各行各业对技术技能人才的需求越来越紧迫，职业教育的重要地位和作用越来越凸显。为贯彻全国教育大会精神，进一步办好新时代职业教育，坚持以习近平新时代中国特色社会主义思想为指导，把职业教育摆在教育改革创新和经济社会发展中更加突出的位置。因此，职业院校升本校名保留"职业"，是国家政策的改革，是时代发展的需要，是国家战略发展的决定。

其一，我们要明确职业本科教育的定位。从职业教育本科在国家职业教育体系中的地位、作用和制度性建设的研究和探索入手，为职业教育的层次提高提供理论支撑，着力探索其不同于普通本科和普通高职的职业教育本科的办学定位、培养目标、实现方式、预期成效，研究其实现方式、人才培养规律，实现"培养知识型、技能型、创新型"和"具有职业精神、专业精神、工匠精神"的人才培养要求，形成职业教育本科"校企结合、产教融合"的办学特色和特点；以贯彻教育方针、遵循教育规律、优化教育方式、追求教育质量为原则，推动职业教育本科向更高质量、更高水平发展。

其二，我们要明确办好职业本科教育的发展方向。职业教育是一种教育类型，这是非常重要的一个新判断，开启了职业教育发展的新征程，《方案》提出了深化职业教育改革的路线图、时间表、任务书，明确了今后五年的工作重点，为实现 2035 中长期目标以及 2050 远景目标奠定了重要基础。

其三，我们要明确职业本科教育的独特之处。职业本科教育应坚持以服务为宗旨、以就业为导向，走产学研结合之路。在实现职业本科教育的同时，我们既要避免对普通本科教育方法、教学模式、开设课程等环节的模拟，又要避免职业专科基础上的纯粹的延长学制时间、增加课程等做法。职业本科院校应把学生培养成社会急需的应用型、技能型、创新型人才，让他们熟练掌握应用型技术，并能够在此基础上根据工作环境的需要改进技术，对技术进行创新。这样，就要求职业本科教育在整个教育教学工作中有自己的特色。

二、开展职业本科教育改革的路径选择和实现形式

1. 提高政治站位，认识职业教育改革发展的重大意义

中共中央、国务院把职业教育摆在了前所未有的突出位置。习近平总书记多次对职业教育做出重要批示和指示，强调职业教育是国民教育体系和人力资源开发的重要组成部分，必须高度重视、加快发展。李克强总理多次对职业教育发展提出明确要求。王沪宁同志就职业教育改革发展做出重要批示。孙春兰副总理深入调研并多次主持会议多方听取意见，组织相关部门共同研究部署职业教育工作，明确指出，职业教育已经具备诸多有利条件和良好工作基础，到了该下大力气抓的时候了。

我们要认真学习领会、全面准确把握习近平总书记关于教育的重要论述，用以武装头脑、指导实践、推动工作。在深刻理解和把握习近平总书

记在全国教育大会重要讲话中提出的"九个坚持"基础上，认真学习领会习近平总书记在全国教育大会重要讲话中就职业教育工作提出的要求，把习近平总书记关于教育的重要论述作为新时代职业教育的根本遵循和行动指南。

我们要认真学习领会、全面准确把握全国教育大会对新时代教育做出的战略部署，精心谋划、精心施工、精心落实。《中国教育现代化2035》《加快推进教育现代化实施方案（2018—2022年）》作为全国教育大会的后续配套文件，分别由中共中央、国务院以及中共中央办公厅、国务院办公厅正式印发。两个文件远近结合，共同构成了教育现代化的顶层设计和行动方案，也为职业教育发展做出了战略规划。总体讲就是"五个聚焦"：聚焦建设现代职业教育体系，培养高素质产业生力军；聚焦完善制度标准，找准改革突破口；聚焦深化产教融合、校企合作，形成校企命运共同体；聚焦健全德技并修、工学结合，提升人才培养质量；聚焦下一盘大棋，增强多方协同工作合力。

2. 对标新时代新要求，充分认识职业本科教育目前存在的不足

党和国家对职业教育提出了新的更高要求，对职业本科教育也提出了新挑战。作为全国15所本科职业教育试点高校，我们的学校管理、条件、水平、能力等方面是否能代表职业教育的高水平，是否能引领职业教育高质量发展？这需要15所本科职业教育试点高校的管理层与教师们认真分析、系统总结、全面梳理。

一是观念的转变。职业本科是办学功能的转变。职业本科办学定位与职业教育作为类型教育的特点与特色是否一致，是否牢牢把握了面向市场、服务发展、促进就业的办学方向；是否坚持了产教融合、校企合作的办学模式；专业设置与区域经济发展和产业转型升级对技术技能人才的需求是否相适应，这是全校上下都需要认真考虑、反复论证的问题，尤其是学校决策层首先要形成的共识。

二是教学的转变。按照职业教育国家教学标准体系的有关要求，是否结合区域特色和学校办学实际进行优化，形成针对性较强的专业人才培养方案；是否形成结构合理的高层次技术技能人才培养体系；课程体系能否确保高层次技术技能人才培养目标和规格的达成；主动服务区域产业及经济社会发展需要的意识及能力是否具备，尤其在对接科技发展趋势和市场需求，服务企业技术研发和产品升级，开展职业教育培训等方面是否具备先进水平；对于学生综合能力的培养，"学历证书＋若干职业技能等级证书（1＋X证书）"制度如何落地，怎样做到育训结合、内外结合、长短结合，促进书证融通，这是教学管理部门与教学单位必须清晰的问题。

三是师资的转变。根据未来发展，学校能否建立"双师型"或者"多师型"教师队伍，现有教师怎样通过企业锻炼适应教学实践的需求，如何通过教师教学和实践向学生传递劳模精神、工匠精神、敬业精神。教师是否能够满足职业教育项目式、任务式等理实一体化教学方式的要求，是否具备适应信息化教学需要的技术和资源应用能力。这是人事与教学管理部门必须面对而且落地的题目。

四是条件的转变。从软件方面来讲，现有内设机构管理、民主管理和监督、党组织建设、信息化管理等是否满足高层次职业教育的办学要求；从硬件来讲，经费投入、教学资源、仪器设备、实习实训场地等办学条件是否与人才培养要求相适应，这是党政管理与教学管理以及教学服务部门着重解决的问题。

只有弄清楚了这些问题，我们才能处理好职业教育本科与普通教育本科、本科层次职业教育与专科层次职业教育的关系，有利于我们找准共性基础，把握个性差异，为推进改革试点工作奠定基础。

3. 立足现实，面对未来，清楚应该迎接怎样的挑战

一是坚持职业教育属性。既突出"职"，又突出"高"。始终将办学思路定位于服务区域经济社会发展，始终将发展目标定位于优质本科职业教

育，始终将培育途径定位于产教融合、校企合作，始终将人才培养目标定位于培养德智体美劳全面发展的高层次技术技能型人才。学校内部完善学历教育与培训并重的现代职业教育体系，源源不断地为各行各业培养亿万高素质的产业生力军。

二是坚持大学的定位和内涵。扎实推进现代大学制度建设，建设优秀的大学文化，凸显高等学校的高等性、文化性、技术性。根据社会经济发展，培育产教融合校企"双元"育人机制，由校企共同研究制订职业教育特色鲜明的专业人才培养方案，及时将新技术、新工艺、新规范纳入课程标准和教学内容，把学校办成"亲区域""亲产业""亲企业"的新型大学，立足区域，服务更大范围乃至于全国。

三是坚持改革创新。积极探索职业教育本科人才成长规律，力争在本科职业教育的体制机制创新、人才培养模式改革、专业与课程建设、实践教学、教学质量标准与保障体系、职业技术考证和职业培训等方面肩负起改革使命，普及推广项目教学、案例教学、情景教学、工作过程导向教学，广泛运用启发式、探究式、讨论式、参与式教学，实行弹性学习时间和多元教学模式，充分激发学生的学习兴趣和积极性。主动适应"互联网＋职业教育"新要求，推动大数据、人工智能、虚拟现实等在人才培养中的广泛应用，用信息技术改造传统教学，推进教学内容、教学方法以及教学评价等方面的改革，形成可供学习的经验和做法。

四是坚持服务学生发展。要以工匠精神为核心，加强学生职业技能和职业精神的培养，强化学生素质教育、实践能力、创新创业精神的培育，必须构建理论和实践高度融合的教学体系。教育教学与管理方面，根据区域经济社会发展设置专业，加强"双师型""多师型"师资队伍建设，探索有利于学生成才成长又能让学生接受的教育教学方式方法，摸索校内日常管理与实践实习管理相互结合而且自成体系的管理服务模式。硬件设施方面，以学校为主体，联系企业，建立"校中厂"、校企联盟、产业学院，通过合作，强化校内外实验实训教学基地建设、图书馆建设，同时提升学生住宿、饮食、运动场所的品质。

五是坚持党的全面领导。习近平总书记指出："办好我国高等教育，必须坚持党的领导，牢牢掌握党对高校工作的领导权，使高校成为坚持党的领导的坚强阵地。"党的领导是实现本科职业教育改革目标的"根"与"魂"。只有在党的领导下，不忘初心，牢记使命，才能办好人民满意的教育，打造坚强有力基层学校党组织，推进职业本科教育改革迈上新台阶。只有坚持党的领导，才能更好地贯彻落实职教 20 条，成为"当地离不开、业内都认同、国际可交流"职业本科院校的典范；只有坚持党的全面领导，才能造就有理想信念、有道德情操、有扎实学识、有仁爱之心的职业本科教师；只有坚持党的全面领导，才能培养德智体美劳全面发展的社会主义建设者和接班人，培养一代又一代拥护中国共产党领导和我国社会主义制度、立志为中国特色社会主义奋斗终生的有用人才。

第六节 未来中国教育的发展趋势

一、未来中国教育的发展趋势预测

在 2018 年全国教育大会上，习近平总书记提出"加快推进教育现代化、建设教育强国"的新要求。教育是面向未来的事业，研判中国未来教育的发展趋势，对于今日中国教育的发展有着极为重要的意义。根据国家发展的总体安排、社会的变化、世界教育的发展趋势和教育自身演变的规律，可以预判未来中国教育将有十大重要发展趋势。

1. 信息技术在教育中应用更加广泛

截至目前，人类历史上一共发生了四次产业革命，第四次产业革命以云计算和人工智能为标志。第四次产业革命已经影响了许多领域，整个社会越来越智能化、自动化、数字化。而在教育领域，第四次产业革命的影响也日渐凸显，以互联网、云计算、大数据、物联网、人工智能等为代表的信息技术在教育领域中的应用越来越广泛，教业务开始智能化、自动化和数字化。MOOC、混合式学习、翻转课堂等都已经得到了广泛应用，智能教学系统（ITS）、智能决策支持系统、智能计算机辅助教学（CAI）系统也迅速发展，物联网已经在课堂教学、课外学习和教育管理三个方面给教育提供了相应的支持。信息技术在教育领域的应用能够提高教育的效率，降低教育投入的成本，取得更好的教学效果。随着信息技术的日益进步，可以预见信息技术在我国教育领域必将得到更广泛的应用。

2. 教育培养目标转向能力培养为主

未来社会所需要的人才和当今社会需要的人才有着极大的不同，在未来许多职业将被人工智能等技术所取代，许多新职业将产生，根据研究，在未来我国710万工作岗位将消失，700种职业，47%的工作都可能被人工智能/机器人取代，而同时也将出现许多新职业。面对未来职业的改变，教育领域必须及时调整人才培养目标。传统上的教育是以知识传授和理解为主的，但在知识记忆和简单理解方面，人工智能在很多方面已经超越了人类，在未来靠知识记忆和简单理解为主的工作将全面被人工智能所取代，所以整个教育体系的目标必须全面地加以调整，由知识记忆为主转向能力培养为主，更加注重培养人的批判性思考能力、创造能力、创新精神和创业精神，更加注重培养人机合作的能力。可以预见中国未来的教育，人才培养目标必将加以调整。

3. 混合式学习更加普遍

混合式学习是指面对面学习和在线学习两种学习模式有机结合的学习方式。混合式学习不单是两种方式的简单混合，而是混合多种教学设备、多种教学方法、多种学习策略与评价方法、同步学习与异步学习、多种课程和学习资源等。混合式学习汲取了面对面学习和在线学习的优势，比单纯的面对面学习和在线学习更有效，在学习计划制订、学习方法设计、学习效果评价和学习记录跟踪等方面有突出的优势，有达到降低成本，提高学习效果的突出优势，在许多发达国家，混合式学习已经得到广泛应用，是未来教育的重要形态和发展趋势。我国学校互联网普及率已经达到了很高的比例，推动混合式学习已经具备了足够的物质条件，实践中，有些学校也已经采用混合式学习方式，这对于提高我国学校的教学效果，提高教育投入的效益具有重要的意义，可以预测在未来，混合式学习将成为我国教育改革发展的大势之一。

4. 学生的培养将更加个性化

个性化培养是指学校根据每个学生特点而采取针对性教育培养的人才培养模式，是与工业时代学校统一化、标准化和规模化的学生培养模式相对应的一种培养方式。因材施教是自古以来的教育理想之一，也是最符合人才成长规律的培养模式，在农业社会的人才培养模式可以说是个性化的，但是只是针对少数人群，也并不系统，进入工业社会后，为了大规模培养与工业社会相适应的人才，对学生的培养采取了统一化、标准化和系统化的培养模式，这种培养模式为工业时期的社会培养了大量的标准化人才，但是也存在着明显的不足，主要体现在每个人拥有不同的智力水平和种类，统一化、标准化的培养模式在培养了大量标准化人才的同时也抹杀了人的个性，不利于发挥每个人的潜能。同时随着技术的进步，特别是互联网、大数据、人工智能和物联网在教育中的应用，为学生的个性化培养提供了技术的和经济上的可能性。如通过大数据，学校和教师可以分析学生的学习倾向、学习动机、学习风格和学习爱好等，能够实现个性化的推送学习资源，精准化的辅助学生，自助化完成学习目标等。因此，可以预测，在未来的我国，对学生的量体裁衣式的个性化培养将越来越普遍，这必将成为我国教育未来发展的大趋势之一。

5. 学习更以学生为中心

在工业社会所形成的教学模式中,教师处于支配地位,整个教学是以教师为中心的,作为受教者的学生更多时候是被动接受学校和教师的教学安排,而教师的教学是在教育行政部门和学校的安排统一下进行的,学生学习缺乏主动性。而随着社会发展的大环境和信息技术的发展,学生的学习模式正在发生改变,正在越来越以学生为中心。未来社会的发展需要具备终身学习能力的人,这需要学生在学校教育时期培养积极主动的学习能力和学习愿望,这必然要求改变传统的教学模式,使得学生的学习更多地以学生为中心。同时,互联网的大发展也为以学生为中心的学习提供了可能,互联网的教育资源已经极大丰富,未来还将更丰富,这为学生主动学习提供了必要的条件。而随着人工智能技术的发展,人工智能将全面辅助学生课程内外的学习,这为学生的主动学习提供了更大的可能。此外,混合式学习也是以学生为中心的,混合式学习改变了传统课堂教学以教师为中心的学习模式,要求学生在学习中更加积极主动。总之,社会发展、信息技术在教育领域的广泛应用和学校教学模式的转变都要求学习更以学生为中心,要求学生更加积极主动地学习,这必将成为未来中国教育发展的大趋势之一。

6. 教师的角色和作用将发生变化

千百年来,教师在教育教学中起到的是主导者和知识传授者的作用,但随着社会的进步,教师的角色和作用正在发生重大的变化,主要体现在两个方面:一是教师角色的分工更加明显。传统上,虽然有资历和职称的差别,但是所有的教师都几乎做着同样的工作,但是教师队伍日趋分为授课教师和辅导教师两大类,一些讲课能力强、水平高、能够契合学生需要的教师将主要担当起授课教师的角色,除了面授,这类教师的讲课视频将通过互联网等技术手段广泛传播,满足广大学生的需要。而许多教师将承担起辅导教师的角色,针对学生的需要进行辅导,满足学生的个性化学习需求；二是教师将主要承担起学生学习规划者和引导者的作用，而不是直接地知识传授。随着信息技术的特别是人工智能的广泛应用，混合式学习日渐普及，学习更加以学生为中心，大部分教师的作用将不再是直接传授知识，而是要承担起为学生订制个性化学习方案的角色，将起到学生学习规划者和引领者的作用，针对不同学生的不同学习需求制定不同的学习规划，并且对学生的学习进行引导，这和传统上教师的角色和作用将有着非常大的不同。以上教师角色和作用的两个变化已经在教育领域得到体现，在可以预见的未来，我国大部分教师的角色和作用将不可避免地分化和迁移。

7. 学校的办学模式将发生改变

从历史发展阶段来看，学校办学形式主要经历了农业社会组织形式相对松散的模式和工业社会标准化、系统化和统一化组织严密的模式，而随着社会需要的变化和信息技术的广泛应用，学校的办学模式开始进入了追求个性的时代，追求个性时代的学校主要有两个明显特征：一是从千校一面到个性发展。工业社会时期学校所形成的学校办学模式适应了工业社会的生产模式，但也使得千校一面，大多数学校是统一面孔出现的，统一组织体制，统一课程体系，统一授课模式，随着社会发展，这种组织模式已经不适应社会的发展需要。我国初等教育已经基本上普及，高等教育也开始进入普及化时代，人们未来的教育需求将从教育需要的满足向追求更好教育的方向演进，所谓的更好教育就是适应每个学生特点的教育，在教育基本普及的情况下，人们更加期望选择符合学生特点的个性化学校，这必然要求学校向更加个性化的方向发展，只有更加具备个性的学校才能够满足人们对更好教育的需求。二是学校的组织模式将更加弹性灵活。工业社会学校组织模式的典型特征是金字塔式的垂直管理体系，随着学生的培养更加个性化，学校的组织模式也必然发生相应的变化，其基本动向就是弹性学制的采用和组织结构的扁平化，学校将根据学生的个性化学习需要采用更加个性化的教学安排和活动安排,组织层级也将相应减少,金字塔式的垂直管理体系将日趋扁平化。因此,在未来可以预见我国学校的组织模式也将发生变化。

8. 终身学习将成为人们的生活方式

终身学习是一种学习理念,在古代世界就产生了终身教育的思想,但是在农业社会和工业社会,终身学习并没有普及,人们的学习主要是在学校中完成。但是随着人类社会迈入知识社会,知识更新越来越快,社会对人们知识和能力的要求日新月异,学习主要在学校完成的方式显然已经不能够适应社会发展的需要,知识社会需要人们不断更新知识和能力,以满足职业的要求和社会进步的需要,这将带来终身学习的普及,而技术的进步尤其是信息技术的发展也为人们终身学习提供了可能,互联网上丰富的教育资源为人们终身学习提供了现实的条件,人工智能能够成为人们终身学习的有力助手,信息技术与终身学习深度融合呈现出双向互动新趋势,也在推动继续教育转型升级。此外,终身学习不但要求人们从学校毕业后继续学习,也要求学校教育方式的转变,要求学校更加培养人们的终身学习能力和主动学习的精神,而不是单纯的知识传授。学习将伴随人的一生,终身学习将成为人们的日常生活方式。

9. 教育对外交流与合作将进一步发展

当今世界是一个国际化的时代,许多领域都在日趋国际化,教育也不例外,各国政府认识到了教育国际化的大趋势及对其政治、文化和教育等方面的重要意义,积极采取举措促进教育对外交流与合作,加强教育对外交流与合作已经成为教育领域的重大趋势,学生和教师的流动日趋频繁,教育理念、课程体系、教师、办学模式日益呈现国际色彩,这种趋势在我国也已经日趋明显,2016 年,我国出国留学人员总数高达 54.45 万人,1978—2016 年出国留学人数累计达 458.66 万人,我国已经是世界最大的留学国。2016 年留学生规模突破 44 万,我国已成为亚洲最大留学目的国。

中外合作办学的规模也日趋扩大，全国经审批的中外合作办学机构和项目2500余个，其中本科1200余个，高等教育阶段中外合作办学在校生约45万人，中外合作办学毕业生超过150万人。根据全球教育国际化的发展趋势和我国既定的对外开放政策，可以预判，我国教育对外交流与合作将进一步发展。

10. 民办教育将持续发展

改革开放以来，我国民办教育逐渐发展壮大，已经成为社会主义教育事业的重要组成部分，2016年全国共有各级各类民办学校17.10万所，招生1640.28万人，各类教育在校生达4825.47万人。随着社会的发展，可以预见民办教育将迎来大发展，主要的理由有三点：一是私立教育的大发展是世界性趋势。全球范围内大多数国家的私立教育呈现持续增长的趋势，教育民营化的比例总体呈现上升趋势，越来越多的学校由社会力量举办、运营和提供经费。二是我国政府对民办教育的发展采取了鼓励的态度。《民办教育促进法》明确提出国家对民办教育实行积极鼓励、大力支持的方针。《国务院关于鼓励社会力量兴办教育促进民办教育健康发展的若干意见》也明确提出放宽办学准入条件、拓宽办学筹资渠道、加大财政投入力度、落实同等资助政策、落实税费优惠等激励民办教育发展的种种措施，已经形成了民办教育持续发展利好的政策环境。三是我国社会需要民办教育的大发展。我国社会主要矛盾已经转化为人民日益增长的美好生活需要和不平衡不充分的发展之间的矛盾。在教育领域，这个主要矛盾体现在人民日益增长的教育需要和教育不平衡不充分的发展之间的矛盾。解决教育领域的矛盾，不但需要公办教育更快更好地发展，也需要民办教育的大发展。基于公共财政投入的限制，公办教育主要办学方向是提供更多更好的基本教育公共服务，而民办教育则能够提供更多优质的差异化教育服务，满足人们的个性化教育需求，公办教育与民办教育相互补充，相互协作，才能够化解教育领域的主要矛盾，更好地满足人们日益增长的教育需求。基于以上三个理由，可以预计，在未来，我国民办教育将持续发展。

二、面对未来发展高校教师应该具备的素质

1. 高校教师的政治素养

习近平总书记在全国高校思想政治工作会议上强调，高校教师承担着教书育人的神圣使命，是学生健康成长的指导者和引路人，是先进思想文化的传播者和党执政的坚定支持者。在全国教育大会上，习近平总书记进一步总结道，教师是人类灵魂的工程师，是人类文明的传承者，承载着传播知识、传播思想、传播真理，塑造灵魂、塑造生命、塑造新人的时代重任。

2019 年，中共中央、国务院印发《中国教育现代化 2035》，要求建设高素质专业化创新型教师队伍，教师队伍建设进入全面提档升级、提质增效的新阶段。

贯彻落实党的十九大精神和习近平新时代中国特色社会主义思想，加强高校思想政治教育工作，是每一位教师义不容辞的责任。为此，我们必须切实提高高校教师的政治素养，增强其责任感和使命感。

高校教师必须旗帜鲜明地坚持马克思主义立场。教师要传道受业解惑，首先必须做到明道信道。高校教师必须高举习近平新时代中国特色社会主义思想旗帜，坚持马克思主义立场，注重提高自身政治素养，才能担负起教学工作。只有教师坚定理想信念，才能身体力行地启发引导学生追求真理和信仰，实现对马克思主义的入眼、入耳、入脑、入心和真懂、真信并活学活用，自觉坚持对共产主义远大理想和中国特色社会主义共同理想的价值认同和情感认同。

高校教师必须具备扎实的理论功底。高校教师的政治理论水平高低，

决定着课堂教学的质量和效果。高校教师必须熟读马克思主义经典文献，深入而系统地学习马克思主义、研究马克思主义，必须系统学习领会习近平新时代中国特色社会主义思想，坚持问题意识，将马克思主义理论与中国当代实际问题相结合，坚持理论创新与实践创新，不断发掘马克思主义的丰富时代内涵，丰富和发展21世纪马克思主义，坚持和发展中国特色社会主义。加强政治学习，学习贯彻习近平总书记系列重要讲话精神和党的十九大提出的新理念新思想新战略。坚持四个自信，在教学中真正做到用马克思主义理论武装学生头脑，使其懂得马克思主义的精神实质。

高校教师必须深入学生和社会实际。马克思主义的科学性和实践性决定了高校教师不仅要具备扎实的理论功底，还必须善于运用马克思主义的立场、观点、方法来分析和解决社会现实问题。课堂教学对马克思主义的传授也必须要满足学生实际的需要，新媒体时代，社会发展迅速，文化的多元化、国际化、信息化、网络化，使学生对诸多社会热点产生疑惑，急切渴望从理论课中寻得解答。教师不能纸上谈兵，必须深入社会实际，研究社会热点、理论难点，将理论教学和实践教学紧密衔接，及时对现实中的政治理论与社会热点问题进行分析和解答，做到"因事而化，因时而进，因势而新"。贴近学生、贴近实际、贴近生活，用社会主义核心价值观塑造人，真正做到习近平总书记所要求的教书和育人相统一、言传和身教相统一、潜心问道和关注社会相统一、学术自由和学术规范相统一。只有以德立身、以德立学、以德施教，才能使理论课和专业课满足学生思想需求和成长需求，让学生自觉践行社会主义核心价值观。

高校教师要不断探索和创新教学方式。高校教师要在坚持以文育人、以德育人的基础上，进一步转变教学观念，进一步加强调查研究，大胆创新个性化教学方式，提高教学水平和科学研究能力。将理论课和专业课用大学生喜闻乐见的方式延伸到网络，利用新媒体教学平台创新教学内容与教学方法，利用红色文化资源充实和丰富理论课的教学，用新的话语体系和表述方式贴近学生心灵、走进学生实际，抢占并巩固互联网思想政治理论课阵地。积极拓展"移动式"理论课课堂活动，将理论课课堂搬到田间地头、红色文化区、厂矿企业，解析时代热点难点、解除学生思想困惑，加强学生对中国特色社会主义理论与实践的认识，强化理论课教学实际效果，在实践育人上下功夫。

加强高校马克思主义理论学科体系建设。提高高校教师政治素养，除了需要全体教师自身的努力，还需要一个强大的学科体系建设的支持，这样才能为高校教师队伍整体的理论水平和科研能力的提升提供好的政治理论研究学术环境，使教师通过提高学术水平来提升教学效果，使马克思主义理论更好地指导哲学社会科学工作。要加大对马克思主义理论学科体系的建设，加大对理论课程的投入力度，充分发挥学校、社会、政府的作用，整合高校教学资源，成立高校理论课教学联盟，提高理论课教学效果，进而促进高校教师政治素养的不断提升。

我们要以习近平总书记在全国高校思想政治工作会议上的讲话精神为根本指针，办好中国特色社会主义高校，将思想政治教育贯穿教育教学全过程。只要切实提高高校教师的政治素养，才能使其自觉坚定正确理想信念，自觉抵制错误思潮和言论，坚持中国特色社会主义道路自信、理论自信、制度自信、文化自信，不断强化理论功底和提高科研能力，不断探索和创新教学方式，加强自身的责任感和使命感。

2. 高校新教师基本素养

没有高质量的教师队伍，就没有高质量的教育。高素质的教师成长有其固有的规律和条件，这是不容回避的现实。

校本培养关。学校的教研氛围、团队协作、校本培训对新教师的成长至关重要，许多教师初入职场基础条件差不多，但进入不同的学校若干年后就有可能在专业发展上呈现巨大的差距，其中关键因素就是学校的校本培养。学校应有自己的校本培训组织，组织教师开展研讨、交流和学习。

青年教师入职的前三年是专业成长的黄金时期，学校可以牵线为青年教师结对指导教师，进行跟岗学习和一对一指导。发挥教研组的作用，开展以加强课程建设、创新教学方式、培育学科特色为目标的多种形式的教研活动；通过开展理论学习、专题研讨、教学反思、个别指导等活动，有计划地培养青年教师、骨干教师、学科带头人，提高本学科教师的专业发展水平。

继续教育关。时代在变，教师执教所具备的知识与技能也需要与时俱进，继续教育成为教师保持时代脉搏的"必需品"。教师个人应结合自己的实际需求，做好一个周期的计划安排，选择适合自己并有兴趣的培训项目，坚持问题导向，带着教育教学中的困惑和问题参加继续教育，提高学习的主动性和积极性。培训机构应该加强省内培训资源的互通共享，建立培训专家库，培训项目谋划应加强教师需求调研，根据教师的实际需求安排课程，确保培训内容的针对性。做好教师培训与学历教育的衔接，提高教师参加培训的热情，比如，与高校教育专业研究生教育学分互认，达到要求可以申请硕士学位，等等。在课程安排上，应增加实践操作环节和学习汇报环节，促进学员学以致用、展示分享，提高学习质量。

自我成长关。一位教师能否成长为高素质教师，最终的决定因素在于教师个人。教师应不断学习和研究，坚持教育教学改革与创新。"学，然后知不足"，在信息时代，教师只有把握好时代的需求，拓展视野，补充新知，才能夯实自己的理论根基，重塑全新的教育理念，提升教书育人的效率。教师不仅要"传道、受业、解惑"，更应当"求实、求真、求新"，积极投身教育教学改革的实践，在教育教学过程中，探寻教育规律，使教育的作用与功能得以发挥。

教师从业环境关。教师的从业环境不仅关系到教师的成长，更对未来教师队伍起着导向作用。优秀高中毕业生不愿意选择师范专业，优秀大学生不愿意从事教师职业，这与近年来教师的从业环境密切相关。优化教师从业环境包括提高工资福利待遇、保障落实休息权休假权和尊师重教的社会环境。当前，教师的工资待遇水平相对较低、工作时间长、节假日加班补课、发生校园安全事故学校和教师处于不利地位……教师职业的吸引力亟待增强。

教师职业入口关。当前，教师职业的基本要求是具备相应的学历，通过国家教师资格考试和面试取得教师资格证。每年拿到教师资格证的人中，有相当比例是非师范生，他们没有经过师范专业系统的学习，也没有教育教学的实习经历，能否直接进入教师队伍，要持谨慎态度。对于非师范院校的大学毕业生通过国家教师资格考试之后，必须到师范院校或专业培训机构接受一定时间的技能培训和实习，才能取得教师资格证，这应该成为取得教师资格证的前提条件。

3. 互联网时代怎样当老师

《中国教育报》官方微信发起的一项调查中，逾50%参与调查的教师认为，互联网增加了学生获取知识的途径，却使教师感觉压力更大。

互联网时代给教师带来了哪些新的压力？调查显示，35%的教师认为互联网时代工作负担加重；30%的教师表示，自己虽然使用多媒体教学手段，但教学思维方式仍属传统；20%的教师认为自己的教育信息化技能亟待提升；另有14%的教师认为因为和学生及家长的联系增多，导致私人空间变少。

联合国教科文组织将教育信息化发展过程划分为起步、应用、融合、创新四个阶段。现阶段应促进信息技术在教育教学中的广泛、深入应用，并逐步实现信息技术与教育的深度融合。

"互联网＋教育"大背景下，教师怎么当？如何推动教育理念和人才培养模式的创新？

（1）互联网时代的教师压力并没有变小

调查显示，88%的教师表示愿意在课堂教学上使用信息化教学手段，使教学更加便利。在课堂教学中经常用计算机辅助教学的教师比例占49%，经常使用QQ、微信、在线课堂等途径为学生答疑解惑的比例占26%，另有42%的教师通过微信或QQ和家长进行沟通。

互联网时代的到来，会不会在教学中将过去的"满堂灌"直接变成"满网灌"，教师课堂照着PPT读，然后一页一页翻动。

教育从业者只有从精神上领会了互联网的精髓并依据教育的特性和需求使用互联网，才能有效避免互联网这个新瓶装落后的教育旧酒。教育不能忽视新工具的发明与运用，同时又不能为工具所牵引而忘了教育自身，如果互联网使用者的教育思想理念没有改变，即便加上了互联网，也未必是教育的良性改变。

教育应该是核心，互联网只是技术和辅助工具。教育作为一个行业或专业，它的连续性始终保持着，而且有着较为严密的组织结构，外在环境和各种因素的影响就如同给一株千年古树施肥，要依据树的性能、需求和机理去施肥。学生必须跟着多写多算多练多想，如果只看屏幕听课，其一学生对课本陌生，其二屏幕上的东西也成了过眼烟云。实际上，年级越高，学生越需要教师的亲笔讲解，多媒体可适当使用，以方便呈现知识内容。

（2）新时期教师的角色必须转变

互联网时代，学生应该具备多元的综合素质，具备趋变的创新意识和成熟的思辨能力，具有更高追求的价值取向。学生要形成完整的知识体系，就要构建选择性和开放性的教学，发现学生的学科能力和素养。教师的关注点要向新的方面转变，随着中、高考改革的深入，教师将在以后的教学中注重考查学生的知识积累、思维水平，发挥学生的优势。大学生则要更加注重专业的实践运用能力。

互联网背景下，教育更应该倾听学生的声音，帮助他们在未来生活中找到自己要的幸福。个性化学习、个性化发展、素质的全面发展，应受到更多重视，学生选择适合自己个性的、柔性的教育，发展学生个性的教育将会成为中国教育发展的重要方向。

教师要进行"角色转变"，学科教师仅停留在学科知识上已经不能满足学生的成长和考试改革的需求。教师眼中看到的将是学生的强项，不同类型拔尖学生会脱颖而出，从某种意义上说，教师要将自己提升为学生的学科"导师"。并且，教师要从学科教学、学生学习、学科作业和考试评价等方面做出调整，善于发现真正喜欢和擅长这个学科的同学，保护和支持学生的自主学习，设计个性化作业和开放性试题和答案设计，善于引导他们探究和主动学习的欲望，真正发现、培养学生个性。

时代的变化，教育环境、场景、条件，特别是"互联网＋"的变化，对教师的能力、素质的提升要求显得更加突出。因此，要因材施教，提升教师素养，就意味着教师要善于沟通、善于观察，能看到学生的独特性，并给予充分的成长空间。互联网时代，教师需要在哪些方面加强自身素质？简言之，要提升教育信息化技能，要更新知识结构，要形成广阔的视野。

（3）教师要借力互联网发力

爱因斯坦说过，大学教育的价值不在于记住很多事实，而是训练大脑会思考。创造性思维的来源之一是好奇心和想象力。要实现教育和互联网的深度融合，应该充分利用大数据工具。传统的学情分析靠的是教师的经验、教师个体的理解力和责任心。教师运用有限的经验、能力和精力不可能精准了解每一位学生的学情，必须借助于大数据工具，通过采集学生全学习过程的数据，形成对学生知识、能力、素养的可视化诊断，帮助学生了解自己的学科优势，才能为教育教学提供优质、可获得的资源与服务。教师的教学方法，教师对于学生个体的了解、投入的精力以及学生对自己不同学科学习情况的认识，都会关系到学生具体学科知识、能力、素养的发展。因此，互联网时代要以科学的测评，收集学生心理、行为等表征信息，对信息进行分析后，揭示学生心理、认知、情感等各方面的特征，供学生更好地了解自己。如果凭借考试，学校可以得到学生一个时间截面的数据，这个数据只代表学生的某一时刻、某一方面的状态。面对新的教育要求，互联网应该发挥更大的作用，先进互联网的功能，基于大数据互联网的功能，教育大数据是什么？是过程化的、基于学生全学习过程，各个学科，各个纬度能力和素养，以及各种层次的学习和发展数据。

精准的评价、精准诊断下的精准指导、精准教学，才能提高整个学科教学的精准性。教师的研究应该放在全面采集学生全学习过程数据的基础上，依据心理学、学习科学等原理与模型，通过描述性分析，掌握总体趋势，在群体的状态发现模式、规律及总体趋势，让教师更准确、更好地对大规模的学生群体做更好的支持。精准的、个性化教育服务供给不仅能够对学习问题进行诊断与改进，还能发现和增强学生的学科优势；不仅能够及时发现学习者的知识盲区、完善学习者的知识结构，而且能够增强学习者的优势与特长。

三、面对未来发展学生面临怎样的变化

现代教育能不能真正地去适应一个高度的信息化、智能化、个性化的时代？商业被颠覆了，金融被颠覆了，工业也走向智能化了，教育怎么办？学校还要不要存在？如果传统的学校正在走向消亡，那么什么来替代它呢？——替代它的将是学习中心。教育理论家朱永新认为，未来学习中心将有 10 个基本切点式趋势：从学习中心的内在本质来说，它会走向个性化；从学习中心的外在形式来说，它会走向丰富化；从学习中心的时间来

说，它会走向弹性化；从学习中心的内容来说，它会走向定制化；从学习中心的方式来说，它会走向混合化；从学习中心的教师来说，它会走向多元化；从学习中心的费用来说，它会走向双轨化；从学习中心的评价来说，它会走向过程化；从学习中心的机构来说，它会走向开放化；从学习中心的目标来说，它会走向幸福化。

下面进行具体预测与分析：

1. 从学习中心的内在本质来看，个性化是基本方向。过去整个教育是以教师为中心的，是以教为中心的。所以是教师控制着整个教育的流程，控制着整个学习的过程。但是未来绝对不是如此，教师不可能再控制学习过程。谁来控制？学生自我控制。所以由"教"走向"学"，将是未来教育的基本特点。"学习中心"毫无疑问会打破过去传统的统一的教材等，去标准化、个性化、定制化将会成为未来的学习方向。每个人制订自己的课程、学习计划，评价也是针对个人的，也不是把他与其他人进行比较排名次的教育。从国家层面来讲，国家还是要有课程与教育的标准的，只是方向性的、引导性的，国家标准会实现进一步的人性化和基础性，降低整体的学习难度，每个个体可能会完全不一样，会从中选择他适合的东西。

2. 从学习中心的外在形式来说，它会走向丰富化。学习中心不再是一个独立的孤岛。现在每一所学校都是一个封闭的闭环或者说相对封闭的王国，但是未来随着互联网的发展，学习中心将会成为一个环岛，彼此之间是开放的、互通的。真正意义上的学习共同体会出现。未来我们会有一个总的学习中心，这个学习中心会选择不同的学习中心进行合作，一个学生可以在不同的学习中心进行学习，这样就共同构成一个学习社区。学生可以在不同的学习中心选择课程，也可以相互选择课程、相互承认学分，教师也可以跨越学习中心进行指导。

3. 从学习中心的时间来说，它会走向弹性化。未来的学习中心时间是弹性化的，学习中心全天候开放、没有暑假和寒假、没有双休日，学生根据自己的需要安排学习时间。这样学校的设施和校舍将会得到最大限度的利用。现在很多人都在建学校，未来不要再建了，学校已经足够多了。现在学校的利用率大概不到1/2，甚至只有1/3。未来暑假、寒假、周末、夜晚等时间都可以充分使用，所以整个教育资源会进一步地集约化。未来的学习是个性化的，每个人除了完成国家的基本课程以外，完全可以设计和定制自己的课程。这样一来，整个的学习中心将会全天候开放，教育资源也会得到更大利用。同时，教育的周期也会弹性化。学生根据自己的身心发展特点和父母的工作特点，来安排未来会学习什么。没有留级的概念，学不好可以反复地学，所以学制将更加灵活多样。

4. 从学习中心的内容来说，它会走向定制化。教育是什么？教育是为生命存在的。我们把人的生命分成自然生命、社会生命和精神生命。我们觉得这是整个教育的大厦，但是现在我们的教育中对这个板块似乎是不够重视的。所以未来的学习课程，我们认为会更加关注生命和生活，会更加关注让学生珍爱生命、热爱生活、成就人生。所以拓展生命的长宽高，培养生命的真善美，是未来学习中心的一个重要任务。教育是一个意识形态的领域，同时也是一个国家的基本标准。义务教育的出现就是和大工业时代国家对于整个劳动者素质的基本要求有关的，所以任何国家还是不可避免地会给它的公民确定基本的标准。但是我认为标准太高了，所有人学的相当一部分东西是没有用的，或者说在未来社会上是派不上用场的。到底怎么把最有用的东西给我们的孩子？这是一个很值得研究的问题。要根据学生的天赋、潜能和个性、兴趣来设计个性化的课程。从补短教育，走向扬长教育。现在的教育很大程度上是补短的，让每个人都很痛苦、不断地发现自己的不足。扬长教育会让一个人不断地挖掘自己的潜能，让自己变得更有自信。教育应该让人变得更幸福，更幸福的前提应该是更有学习自信。天才学生你不用担心，现在还有很多天才生本身在现在的制度中得不到满足，任何一个社会总有一些天才学生，所以他们在定制自己课程的时候会定更深、更高的要求，这个没有问题。而且我觉得现在基因技术、心理学、脑科学，已经提供新的可能性。

5. 从学习中心的方式来说，它会走向混合化。现在我们已经进入借助智能设备而生存与发展的时代，人机结合的学习方式会发挥更大作用，认知外包的现象会让个人更加注重方法论的学习。未来社会，除了做科学研究，可能对于创造性的一些领域还需要学。很多东西电脑帮你学了，人工智能帮你学了，机器帮你学了。所以混合式的学习、合作式的学习将会成为学习的重要方式，人和机器一起来学习，会帮助人变得更强大。机器不可能取代人的思考，但是机器人可以帮助我们思考得更好。所以这是未来混合式的学习。当然，还有一个很重要的特点，就是未来的学习方式。过去我们是知识的消费者，但是未来每个学习者同时是知识的创造者。也就是说，他在学习的过程中，更多的是通过学习来创造。研究型的学习，将成为未来学习的主要方式。学习的方式，利用网络将会成为一个非常重要的特征。未来学习中心将会研发自己独立的具有个性的课程资源和国家的课程资源结合起来，通过网络来指导学生。

6. 从学习中心的教师来说，它会走向多元化。温伯格曾经说过，在知识网络化以后，房间里面最聪明的绝对不是站在讲台前给你上课的教师，而是所有人加起来的智慧。也就是说，未来的学习中心不再依靠传统教师。学习中心会拥有一部分自己的自聘教师，他们拥有这个学习中心的优势课程。但是大部分的课程可以购买，课程外包，可以跨学习中心来调用教育资源。所以 Facebook 的创始人提出"教师将成为自由职业者"，将不再是神话。未来教师可能更好管，因为他是自由职业者。我们有选择的权利，各种培训机构也将转型为新的学习中心或者课程公司。但是不管怎么样，教师这个职业、这个行业是不会消失的，只不过他的角色可能是从过去的处于中心地位，会变成一个陪伴者、指导者、学习伙伴。

7. 从学习中心的费用来说，它会走向双轨化。未来学习中心将采取政府学习券与个人付费相结合的方式。也就是说，未来学习中心可以由政府举办也可以由民间举办。政府为基本的学习内容买单，也就是为政府规定的一个基本的学习要求买单。但是你要学习个性化的内容，你自己付费。课程外包和政府采购，将会成为一个很重要的特点，未来私人为教育买单的经费会有大的增长。

8. 从学习中心的评价来说，它会走向过程化。未来学习中心的考试将会走向描述、诊断、咨询。我们知道，大数据、人工智能一个很重要的特点，会跟踪记录学生的所有学习过程，会发现你学习的历程和学习的难点、重点在什么地方，帮助你及时地去调节学习过程，帮助你取得更好的学习效果。不再是帮你进行简单的评价，给你一个简单的分数。所以未来的学校，课程证书的意义和价值会远远大于文凭的意义和价值。未来你在什么地方修的什么课程可能更重要，因为不同学习中心、不同学校的课程它的含金量是不一样的。一个大学不可能所有的课程都很棒，所以不同大学里面最优秀的课程，它的组合将会使一个人变得更卓越和更优秀。所以未来不是我选择北大、清华，而是选择北大的某门课程和清华的某门课程最终组合。最终不是看考了多少分，而是看分享了什么、建构了什么、创造了什么等。

9. 从学习中心的机构来说，它会走向开放化。未来学习中心将打破学校教育与社会教育、普通教育与职业教育的壁垒，为学生的终身学习提供服务。未来学习中心不存在为老年人办个老年人大学，为学龄前孩子办个幼儿园，学习中心可能为所有人去服务。混龄学习将成为重要的特点。这样所有的训练机构都可能转成以它自己为特色的学习中心，不同的人可以寻找自己。比如，一个学校没必要请好的数学老师了，数学的学习可以在网上寻找优秀的数学老师，享受学校以外的资源，哪里教得好就可以到哪里学习。

10. 从学习中心的目标来说，它会走向幸福化。"幸福"实际上是人类最终极的目标。发展经济也好，社会发展也好，最重要的是为了让人获得幸福感，让人真正地能够享受他的生活。教育就是给我们带来一种非常幸福的、快乐的体验，一种挑战未知，一种合作学习，本来应该就是非常幸福的。现在教育很大的问题，就是用统一的考试、统一的大纲、统一的评价，把所有的短补齐了，所有的人变成一样了，而不是扬每个人的长。现在为了应考，教育管理部门逼学校，学校校长逼年级组长，年级组长逼科任教师，最后逼到学生头上，层层压力之下，学生当然是痛苦不堪。从学习中心的目标来说，未来就是要让学生过一种幸福、完整的教育生活。让每个人真正地能够快乐地、自主地学习，让每一个人能够真正地享受学习生活、享受教育生活。让每个人能够发现自己的潜能与天赋，让每个人在和伟大事物遭遇的过程中发现自我、成就自我，成为最好的自己。人什么时候最幸福？当一个人实现自己梦想的时候，当一个人发现自己才华的时候，当一个人找到自己值得为之付出一生努力的时候，当一个人能够非常痴迷地在做一件事情的时候，这个时候才是最幸福和快乐的。所以教育就是应该让我们的学习中心成为汇聚美好事物的中心，让所有的人能够找到自己、发现自己、成为自己。

参考文献

［1］习近平谈治国理政［M］．北京：外文出版社，2014．

［2］党的十九大文件汇编［C］．北京：党建读物出版社，2017．

［3］习近平总书记系列重要讲话读本［Z］．北京：学习出版社，2016．

［4］中共中央关于教育体制改革的决定［EB/OL］．1985．

［5］中共中央 国务院关于深化教育改革，全面推进素质教育的决定［EB/OL］．教育部，1999－06－13．

［6］教育部．教育部关于全面深化课程改革 落实立德树人根本任务的意见［EB/OL］．教育部，2014－03－30．

［7］教育部．教育部关于大力推进教师教育课程改革的意见［EB/OL］．教育部，2011－10－08．

［8］教育部．陈宝生在教育部直属高校工作咨询委员会全会上指出 努力开创高等教育改革发展新局面［J］．中国高等教育，2016（24）：10．

［9］马克思恩格斯选集：第1卷［M］．北京：人民出版社，1995：611．

［10］南怀瑾．教育与人性——南怀瑾"心要"［M］．桂林：漓江出版社，2016．

［11］张岱年，方克立．中国文化概论［M］．北京：北京师范大学出

版社，1997：9 – 10.

［12］意识形态工作是党的一项极端重要的工作 ［N］．人民日报，2013 – 08 – 20.

［13］马克思恩格斯选集：第 4 卷 ［M］．北京：人民出版社，1995：87.

［14］焦新．深化高等教育改革，为建设创新型国家提供有力支撑 ［N］．中国教育报，2016 – 04 – 19（1）.

［15］刘靖君．以新发展理念提升人才培养质量 ［N］．中国教育报，2016 – 05 – 05（5）.

［16］林杰，刘国瑞．关于深化中国特色高等教育人才培养体系改革的几个问题 ［J］．中国教育研究，2015（3）：21 – 25.

［17］安东尼·吉登斯．资本主义与现代社会理论：对马克思、涂尔干和韦伯著作的分析 ［M］．上海：上海译文出版社，2013：196.

［18］葛兰西．论文学 ［M］．北京：人民出版社，1983：2.

［19］吴霓．中国古代私学发展诸问题研究 ［M］．北京：中国社会科学出版社，2011.

［20］李海峰．论隋朝科举制度的创立 ［J］．学知报·教师版，2012（40）.

［21］逍遥行者．中国古代教育家思想研究·孟子的教育思想 ［J］．个人图书馆，1981.

［22］陈景磐．孔子的教育思想 ［M］．武汉：湖北人民出版社，1981.

［23］中央教育科学研究所教育史研究室．孔子教育思想论文选（1949—1980）［M］．北京：教育科学出版社，1982.

［24］杨昌洪．中国古代教育家思想解读 ［M］．长春：吉林大学出版社，2009.

［25］余秋雨．中华文化四十七堂课：从北大到台大［M］．长沙：岳麓书社，2014.

［26］朱永新．朱永新教育作品集［M］．北京：中国人民大学出版社，2011.

［27］夸美纽斯．外国教育名著丛书 夸美纽斯教育论著选［M］．北京：人民教育出版社，2005.

后　记

习近平总书记指出："当前，我国高等教育办学规模和年毕业人数已居世界首位，但规模扩张并不意味着质量和效益正比增长，走内涵式发展道路是我国高等教育发展的必由之路。"

不仅高等教育如此，整个教育体系亦应如此。提高人才培养质量，转变教育发展方式，一方面，首先要明确的是培养什么人这一教育的根本问题。另一方面，要明确如何培养这样的人才。这就必须坚持立德树人的根本任务，深化教育教学改革，创新人才培养模式，在坚定理想信念、厚植爱国主义情怀、加强品德修养、增长知识见识、培养奋斗精神、增强综合素质等六个方面下功夫。中华优秀传统文化是中华民族最深沉的精神追求和最根本的精神基因，是独特的精神标志，是中华民族精神的"根"与"魂"，也是最宝贵的精神品格和命脉。教育要从中华民族最基本的文化基因中汲取营养，挖掘最深厚的软实力，坚定中华民族文化自信，继承优秀传统文化，并通过创新发展赋予中华优秀传统文化崭新的时代内涵，作为教育育人之根本。

进入新时代，加强青少年中华优秀传统文化教育已成为许多有识之士的共识，也受到了党和政府有关部门的高度重视。中小学课程改革，语文增加了古诗文及中华传统文化比重。大学阶段，中华优秀传统文化融入大学教育教学全过程。特别是习近平总书记在学校思想政治理论课教师座谈会上发表重要讲话之后，从大学到中小学开始实施"课程思政"，越来越多的教育工作者认识到了教育的重要任务，不仅仅是向学生传授知识技能，更重要的是培养学生的品格。

不忘初心，方得始终。只有立足于中华优秀传统文化的深厚根基之上，才能培养出具有家国情怀、使命担当、价值规范的时代新人。

韩治国

2019. 11. 18